Wissenschaftliches Arbeiten

Prof. Dr. Angelika Wiltinger
Prof. Dr. Kai Wiltinger

Wissenschaftliches Arbeiten

Praxisleitfaden für Studierende

2. Auflage

Göttingen 2014

Bibliografische Information der Deutschen Nationalbibliothek
Die Deutsche Nationalbibliothek verzeichnet diese Publikation in der Deutschen Nationalbibliografie; detaillierte bibliografische Daten sind im Internet über http://dnb.d-nb.de abrufbar.
2. Aufl. - Göttingen : Cuvillier, 2014

978-3-95404-662-1

Nonnenstieg 8, 37075 Göttingen
Telefon: 0551-54724-0
Telefax: 0551-54724-21
www.cuvillier.de

2. Auflage, 2014
Gedruckt auf umweltfreundlichem, säurefreiem Papier aus nachhaltiger Forstwirtschaft.

978-3-95404-662-1

Vorwort der zweiten Auflage

Mit diesem Lehrbuch richten wir uns an Studierende und Doktoranden aus allen wissenschaftlichen Fachrichtungen der Wirtschaftswissenschaften, des Wirtschaftsingenieurwesens und der Wirtschaftsinformatik, die schnell einen grundlegenden Überblick über die Anforderungen Wissenschaftlichen Arbeitens erhalten möchten.

Das Lehrbuch ist aus Vorlesungsskripten entstanden und unterscheidet sich damit von herkömmlichen Lehrbüchern. Ziel dieses Buches ist es, den Studierende eine effiziente Lernhilfe zu überlassen, die thematisch und grafisch ansprechend aufbereitet die wesentlichen Kernbereiche des wissenschaftlichen Arbeitens knapp und prägnant erklärt und durch zahlreiche Beispiele angereichert eine wertvolle Hilfe für die Anfertigung einer Hausarbeit, Seminararbeit, Bachelor Thesis oder Master Thesis, Dissertation oder Habilitation darstellt.

Das vorliegende Buch ist durch eine starke Umsetzungsorientierung geprägt. Dabei haben wir zahlreiche Beispiele eingebunden und bei der Vermittlung des Lehrstoffes auf die Verwendung zahlreicher Grafiken, Schaubilder und Bilder Wert gelegt und uns eben nicht nur auf die bloße Aufzählung von Fakten fokussiert.

Die Ausführungen stellen ein vollständiges, in sich konsistentes und geschlossenes Regelwerk dar, dessen Anwendung zu einer formell korrekten wissenschaftlichen Arbeit führt.

Allerdings haben viele Betreuer von wissenschaftlichen Arbeiten ihre eigenen, zum Teil ganz speziellen Vorstellungen zum wissenschaftlichen Arbeiten entwickelt und verlangen von ihren Studierende und Doktoranden die Umsetzung dieser ganz explizit. Trotzdem ist die Lektüre dieses Buches auch in einem solchen Fall hilfreich, denn das von uns dargestellte Regelwerk ist so flexibel, dass viele konkrete Regelungen von Kollegen hier subsumiert werden können.

Mainz, im März 2014

Prof. Dr. Angelika Wiltinger Professor Dr. Kai Wiltinger

Inhaltsverzeichnis

Literaturempfehlungen

- Bänsch, A.; Alewell, D. (2013): Wissenschaftliches Arbeiten, 11. Auflage, München, Wien: Oldenbourg.
- Brink, A. (2013): Anfertigung wissenschaftlicher Arbeiten, 5. Auflage, Wiesbaden: Springer Gabler.
- Preißner, A. (2012): Wissenschaftliches Arbeiten, 3. Auflage, München, Wien: Oldenbourg.
- Schneider, B.; Schneider, W. (2006): Abschlussarbeiten FAQ / FGA, in: WiSt – Wirtschaftswissenschaftliches Studium, 35. Jg., H. 9, S. 537 – 539.
- Stickel-Wolf, C.; Wolf, J. (2013): Wissenschaftliches Arbeiten und Lerntechniken, erfolgreich studieren – gewusst wie!, 7. Auflage, Wiesbaden: Springer Gabler.
- Theisen, M. R. (2013): Wissenschaftliches Arbeiten – Erfolgreich bei Bachelor- und Masterarbeit, 16. Auflage, München: Vahlen.

Weitere verwendete Quellen

- Balzert, H.; Schäfer, C.; Schröder, M.; Kern, U. (2008): Wissenschaftliches Arbeiten - Wissenschaft, Quellen, Artefakte, Organisation, Präsentation, Dortmund: W3l-Verlag.
- Bohl, T. (2008): Wissenschaftliches Arbeiten im Studium der Pädagogik: Arbeitsprozesse, Referate, Hausarbeiten, mündliche Prüfungen und mehr ... , 3. Auflage, Weinheim. Beltz Pädagogik.
- Lehmann, G. (2011): Wissenschaftliche Arbeiten: Zielwirksam verfassen und präsentieren, 3. Auflage, Renningen: expert.
- Wiltinger, A. (2002): Vergleichende Werbung – Theoretischer Bezugsrahmen und empirische Untersuchung zur Werbewirkung, Wiesbaden: DUV.
- Wiltinger, K. (1998): Preismanagement in der unternehmerischen Praxis – Probleme der organisatorischen Implementierung, Wiesbaden: Gabler.

1. Kapitel

Einleitung

1.1 Einleitung - Vorbemerkungen

1.1 Einleitung – Vorbemerkungen
Problemstellung

Schriftliche Studienarbeiten sind

- Hausarbeiten,
- Praxissemesterberichte,
- Seminararbeiten,
- Bachelor oder Master Thesis.

Als zentraler Bestandteil des Studiums stellen Sie eine Prüfungssituation dar, die eine Reihe von Besonderheiten aufweist und viele Studierenden mit bis dahin ungekannten Problemen konfrontiert.

Schriftliches Arbeiten ist auch im späteren Berufsleben sehr wichtig und wird häufig gefordert:

- Bewerbungen,
- Projektanträge,
- Marketinginformationen.
- Vorstandsvorlagen,
- Angebote (Vertrieb),

Schriftliche Studienarbeiten und schriftliches Arbeiten im Unternehmen unterscheiden sich nicht grundsätzlich.

1.1 Einleitung - Vorbemerkungen
Wichtige Vorbemerkungen

- Die nachfolgenden Empfehlungen bilden ein konsistentes Rahmenwerk für die Erstellung schriftlicher Arbeiten in Forschung und Lehre, wobei der Schwerpunkt auf der Erstellung von Bachelor- und Masterarbeiten liegt.
- Mit wenigen Ausnahmen sind in der Prüfungsordnungen der Hochschulen keine Hinweise auf die Gestaltung schriftlicher Arbeiten gegeben.
- Allerdings haben inzwischen etliche Fachbereiche lehrstuhlübergreifende Leitfäden entwickelt, die es auf jeden Fall zu beachten gilt, z.B.
  - FH Frankfurt: Leitlinien zur Bewertung wissenschaftlicher Ausarbeitungen
    https://www.fh-frankfurt.de/fileadmin/de/Fachbereiche/FB3/Ansprechpartner/ProfessorInnen/Wiltinger/leitlinien_bewertung_wiss.pdf
  - FH Mainz: Leitfaden zur Anfertigung von Hausarbeiten, Praxisberichten, Bachelor- und Masterarbeiten
    http://www.fh-mainz.de/fileadmin/content/fb3/pdf/pruefungsangelegenheiten/Leitfaden_wissenschaftliche_Arbeiten.pdf

Die vorliegende Ausarbeitung kann mit ihren Richtlinien und Formvorschriften nur als ergänzender Hinweis zu den Anforderungen des jeweiligen Fachbereiches sowie des betreuenden Dozenten gesehen werden.
Hat der betreuende Dozent seinerseits Richtlinien und Empfehlungen erlassen, sind diese gültig.

1.1 Einleitung - Vorbemerkungen
Bachelor-Arbeit - Beispiel Modulhandbuch FH Mainz

Die Zielsetzung von Bachelor- und Masterarbeiten sind in den Modulbeschreibungenen der jeweiligen Studiengänge hinterlegt. Dort finden sich auch weitere Details.

Bachelor-Arbeit

Prüfungsnummer	Workload	Credits	Studiensemester	Häufigkeit des Angebots	Dauer
1602	300 h	10	6. Semester	Beliebig	Ein Semester

1	Lehrveranstaltung	Kontaktzeit	Selbststudium	Geplante Gruppengröße
	Bachelor-Arbeit	30 h	270 h	5 Studierende

2	Lernergebnisse (learning outcomes) / Kompetenzen
	Die Studierenden weisen nach, dass sie in der Lage sind, ein studienspezifisches Problem der Wirtschaftswissenschaften zu lösen. Die bisher gewonnenen Erfahrungen und Kenntnisse sind anzuwenden, um eigenständig eine erste größere Arbeit anzufertigen oder ein Projekt durchzuführen und zu dokumentieren. Sowohl reale Probleme eines Unternehmens im Bereich der Wirtschaftswissenschaften als auch theoretische Fragestellungen können bearbeitet werden.
3	Inhalte

Wissenschaftliches Arbeiten

1.2 Einleitung - Projektorganisation

1.2 Projektorganisation
Phasen der Projektplanung

Festlegung der Zeitbudgets

- Welche Bearbeitungszeit ist durch den Lehrstuhl/Prüfungsordnung vorgegeben?
- Welche besonderen Zeiten und Ereignisse sind zu berücksichtigen (Klausuren etc.)?
- Sind Besprechungstermine durch den/die Betreuer vorgesehen? Ist hier eine Vorbereitung notwendig?

Bestimmung der einzelnen Phasen der Arbeit

- Welche Tätigkeiten sind im Rahmen der Arbeit durchzuführen (Literaturrecherche, Experteninterviews, Design eines Fragebogens)?
- Welche Tätigkeiten könnten eventuell hinzukommen (Wiederholung von Experimenten)?

Festlegung des Projektplanes

- In welcher Reihenfolge sind die einzelnen Phasen zu ordnen?
- Welche Zeiten nehmen die einzelnen Phasen in Anspruch?
- Welche Abhängigkeiten bestehen? Gibt es kritische Pfade (Netzplantechnik)?

Quelle: in Anlehnung an Preißner (2012)

1.2 Projektorganisation
Zeitplanung – Zeitplan einer achtwöchigen Bachelor-Arbeit

Phase	Schritt	Theorie	Empirie	Dauer
Vor-phase	1.	Findung von Themenkreis, Betreuer, Unternehmen	Grundsätzliche Prüfung der Machbarkeit	1 – 2 Monate
Haupt-phase	2.	Literaturrecherche und Erstellung einer ersten Arbeitsgliederung	Design der Empirie	2 Wochen
	3.	Schreiben der Erstfassung, weitere Literaturrecherche	Durchführung der Empirie, Auswertung der Daten sowie Interpretation der Ergebnisse	4 Wochen
	4.	Inhaltliche und formelle Überarbeitung	-	1,5 Wochen
	5.	Endkorrektur und Drucklegung	-	0,5 Wochen

1.2 Projektorganisation
Zeitmanagement

Aufgaben und Tätigkeiten können prinzipiell in ein Dringlichkeit/Wichtigkeit-Portfolio eingetragen werden.

	weniger wichtig	sehr wichtig
sehr dringend	▪ Rückgabe entliehener Bücher	▪ Besprechung mit Betreuer ▪ Beschaffung einer wichtigen Quelle
weniger dringend	▪ Suche nach Buchbinderei ▪ Literaturrecherche zu verwandten Themengebieten	

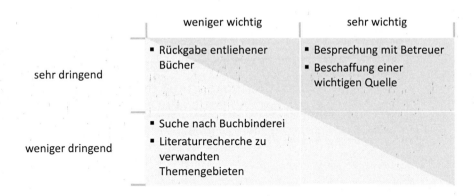

Zuerst sollten die wichtigen Aufgaben, dann erst die dringlichen erledigt werden.

Quelle: in Anlehnung an Preißner (2012)

1.2 Projektorganisation
Probleme wissenschaftlichen Schreibens

Rang	Problem	rel. Häuf.
1.	Zu früher, unüberlegter Schreibbeginn mit vielen Änderungen	79,4 %
2.	Befürchtung, den Anforderungen nicht gerecht zu werden	72,2 %
3.	Schwierigkeit, mit der Schreibaufgabe allein gelassen zu werden	60,7 %
4.	Probleme mit dem wissenschaftlichen Stil	55,2 %
5.	Überfülle an Material und Schwierigkeit, dieses zu organisieren	54,0 %
6.	Problem, Fachliteratur zusammenzufassen	53,2 %
7.	Enttäuschung über das Resultat der Bemühungen	51,0 %
8.	Schwierigkeit, den Einstieg zu finden	47,1 %
9.	Erfahrung, nicht termingerecht fertig zu werden	43,1 %
10.	Probleme mit dem Inhalt der Forschungsliteratur	41,7 %
11.	Problem, Fachliteratur in die eigene Arbeit zu integrieren	41,0 %
12.	Schwierigkeit, genügend Material zu sammeln	38,5 %
13.	Erfahrung, dass ursprüngliche Gliederung verworfen werden musste	35,9 %
14.	Problem, dass die Arbeit zu lang ausfällt	27,8 %
15.	Problem , dass die Arbeit zu kurz wird	19,7 %

Quelle: Brink (2013)

2. Kapitel
Inhaltliche Aspekte des wissenschaftlichen Arbeitens

2.1 Inhalt - Grundlagen wissenschaftlichen Arbeitens

2.1 Inhalt - Grundlagen Wissenschaftliches Arbeiten

Wissenschaftliche Studienarbeiten wie Seminararbeit, Bachelor Thesis oder Master Thesis sind - auch wenn sie wie im Fall der Bachelor Thesis häufig nur acht Wochen dauern - wissenschaftliche Arbeiten und haben den Regeln des wissenschaftlichen Arbeitens zu folgen.

Zielsetzung jedes wissenschaftlichen Arbeitens ist der Erkenntnisgewinn, also die Ableitung neuen Wissens.

2.1 Inhalt - Grundlagen Wissenschaftliches Arbeiten

„Wissenschaftliches Arbeiten zeigt sich in einer systematischen und methodisch kontrollierten Verbindung eigenständiger und kreativer Gedanken mit bereits vorliegenden wissenschaftlichen Befunden. Das Vorgehen ist sorgfältig, begriffsklärend und fach- bzw. disziplinbezogen."

Wissenschaftliches Arbeiten beinhaltet als Kernelemente...

- die eigenständige Gedankenarbeit,
- ein zielgerichtetes und methodisch kontrolliertes Vorgehen,
- mit dem Ziel allgemeingültige Aussagen zu treffen (Objektivität, Validität, Reliabilität der Erkenntnisse).

Wissenschaftliches Schreiben beinhaltet...

- **die Fundierung aller Aussagen im Text durch richtiges und vollständiges Zitieren,**
- einen verständlichen und präzisen Schreibstil,
- die Erläuterung und Diskussion grundlegender Begriffe,
- den korrekten Umgang mit Quellen (Zitieren) sowie
- die generelle Redlichkeit, keine Arbeit anderer als die eigene auszugeben.

Quelle: Bohl (2008)

2.1 Inhalt - Grundlagen
Wissenschaftliches Schreiben

„Wissenschaftssprache bedeutet klar, sachlich, präzise, möglichst objektiv und für Fachleute verständlich zu schreiben."

Die Grundregeln wissenschaftlichen Schreibens sind...

- **Belegen -** Behauptungen müssen durch Verweis auf Quellen belegt werden.
- **Paraphrasieren -** Sinninhalte aus Texten werden mit eigenen Worten wiedergegeben.
- **Zitieren -** Fremdes Gedankengut muss immer belegt werden.
- **Begründen -** Begründet werden die Wahl der Methode, die verwendeten Quellen bzw. empirische Daten, die Fragestellung(en) und die Schlussfolgerungen.
- **Bezüge herstellen** - Die eigene Arbeit in Bezug zum aktuellen Forschungsstand stellen, sich positionieren und kritisch diskutieren.
- **Begriffe definieren und präzisieren** - Zentrale Begriffe der Arbeit definieren und diskutieren. Klärung, in welchem Zusammenhang der Arbeit die zentralen Termini verwendet werden.
- **Systematisch vorgehen** - Struktur und Vorgehensweise folgen einer inneren Logik und werden begründet.

Quelle: Bohl (2008) und Lehmann (2011)

Wissenschaftliches Arbeiten

2.2 Inhalt - Anforderungen

2.2 Inhalt - Anforderungen
Charakteristika und Grundprinzipien wissenschaftlichen Arbeitens

Charakteristika

- Klar abgegrenztes Thema,
- neue Aussagen innerhalb des Themas,
- Nutzenzuwachs bzw. Erweiterung des wissenschaftlichen Erkenntnisstandes,
- Überprüfbarkeit aller Angaben durch einen sachkundigen Dritten.

Grundprinzipien

- Nachprüfbarkeit der Methoden,
- Objektivität,
- Offenlegung der Quellen,
- Nachvollziehbarkeit der Argumentation,
- Zugänglichkeit der Ergebnisse,
- Genauigkeit und Zuverlässigkeit,
- Einheitlichkeit.

http://www.dfg.de

Quelle: in Anlehnung an Brink (2013)

2.2 Inhalt - Anforderungen
Bachelor Thesis als wissenschaftliche Arbeit und Prüfungsform (I)

Eine Bachelor Thesis ist eine schriftliche Prüfungsarbeit. Sie soll zeigen, dass die Kandidatin oder der Kandidat befähigt ist, in begrenzter Zeit ein Problem in seinen fachlichen Einzelheiten und in fachübergreifenden Zusammenhängen selbstständig nach wissenschaftlichen Methoden zu bearbeiten.

Charakteristikum	Erläuterung

Prüfungsleistung	▪ Studierende darf nicht unreflektiert niederschreiben, was er/sie sich zu einem Thema so „ausgedacht" hat.
	▪ Der Studierende soll „nachweisen", dass er imstande ist,
	  ▪ eine aktive, fachlich kompetente und engagierte Rolle bei der Gestaltung einer Studienarbeit einzunehmen,
	  ▪ eine umfangreiche Auswertung der aktuellen nationalen und internationalen Literaturquellen,
	  ▪ die Fokussierung auf relevante Themenaspekte,
	  ▪ ein Aufzeigen und Beurteilen divergierender Sichtweisen
	  ▪ und das konsequente Einhalten formaler Anforderungen, wie z. B. die Minimierung von Rechtschreibfehlern.

2.2 Inhalt – Anforderungen

Charakteristikum	Erläuterung
Begrenzter Bearbeitungszeitraum	▪ Die Bearbeitungszeit ist absichtlich knapp. ▪ Daraus folgt, dass die vorgegebenen Termine bindenden Charakter haben und einer sorgfältigen Zeitplanung bedürfen.
Vorgegebene Themenstellung	▪ Das Thema einer Studienarbeit kann nur in sehr begrenztem Maß vom Studierenden beeinflusst werden. ▪ Eigenmächtige Themenänderungen sind unzulässig.
Wissenschaftliche Erkenntnisse	▪ Ein eigenständiger Beitrag ist notwendig. ▪ Die Erlangung, Verarbeitung und Dokumentation von wissenschaftlichen Erkenntnissen setzt den Willen des Studierenden voraus, sich in die relevanten Theoriezweige des betreffenden Fachgebietes einzuarbeiten.
Wissenschaftliche Methoden	▪ Die Anwendung eines allgemein anerkannten „Werkzeug-kastens", der Methoden enthält, die als zweckmäßig, relevant und empirisch bewährt gelten, ist gefordert.

2.3 Inhalt - Aussagearten

2.3 Inhalt - Aussagearten
Aussagearten

Deskriptive Aussagen	Explikative Aussagen	Normative Aussagen
Deskriptive Aussagen sind beschreibende Aussagen.	**Explikative Aussagen sind erklärende Aussagen.**	**Normative Aussagen sind gestaltende Aussagen.**
Beschreibung umfasst: ▪ Definition ▪ Messung ▪ Klassifizierung	*Erklärung* untergliedert sich in die folgenden Begriffe ▪ Theorie ▪ Empirie	*Gestaltung* untergliedert sich in die folgenden Begriffe ▪ Ziele ▪ Werte ▪ Empfehlungen
Ziel der Beschreibung: ▪ geordnete Fakten ▪ Vereinfachung d. Gegenstandsbereichs.	Ziel der Erklärung: ▪ Wirkungszusammenhänge ▪ Theoriebasis	Ziel der Gestaltung: ▪ Handlungsempfehlungen ▪ Verhalten
Erst die Beschreibung ermöglicht die Erklärung, das heißt das Erarbeiten allgemeingültiger Sätze.	Erst die Erklärung ermöglicht die Gestaltung, das heißt das Erarbeiten von Zusammenhängen.	Die Gestaltung ist letztlich meist das Ziel wissenschaftlichen Arbeitens.

2.3 Inhalt - Aussagearten
Beispiele für Aussagearten

Deskriptive Aussage

Beschreibung: Reife Äpfel fallen von den Ästen auf den Boden.

Explikative Aussage

Erklärung: Die Ursache, dafür das reife Äpfel auf den Boden fallen, liegt in der Schwerkraft.

Prognose: Im Herbst werden die reifen Äpfel aufgrund der Schwerkraft auf den Boden fallen.

Normative Aussage

Gestaltung: Im Herbst sollte man sich nicht unter einen Apfelbaum legen.

2.3 Inhalt - Aussagearten
Experteninterviews

- Anstelle einer quantitativ-empirischen Untersuchung werden in Studienarbeiten oftmals sogenannte Experteninterviews eingesetzt.
- Dabei handelt es sich um teilstrukturierte Gespräche mit erfahrenen Praktikern zur Fragestellung der Abschlussarbeit.
- Ziel ist es, einen Einblick in den State-of-the-Art der Implementierung der Fragestellung im Unternehmen darzustellen und kurze Fallbeispiele (Cases) zu generieren.
- Aus Sicht der Marktforschung sind Experteninterviews eine persönliche Befragung. Die meist willkürliche Auswahl der Experten verdeutlicht, dass von einer Signifikanz der Aussagen für eine wie auch immer geartete Grundgesamtheit nicht auszugehen ist.[1]

Anforderungen

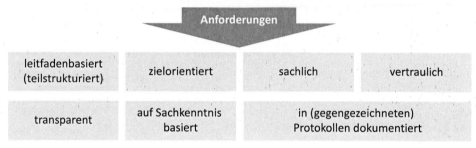

leitfadenbasiert (teilstrukturiert)	zielorientiert	sachlich	vertraulich
transparent	auf Sachkenntnis basiert	in (gegengezeichneten) Protokollen dokumentiert	

Wissenschaftliches Arbeiten

2.4 Inhalt - Formulierungen

2.4 Inhalt - Formulierungen
Wissenschaftliche Formulierungsgrundsätze

Nachvollziehbar (nicht: mehrdeutig, missverständlich)	Überprüfbar (nicht: willkürlich, grob ausgearbeitet)	Prägnant (nicht: schwammig, unscharf)	Relevant (nicht: nichts-sagend)

- Begründete Argumentation, die in einer nachvollziehbaren, schlüssigen und eindeutigen Gedankenkette Einzelaussagen zusammenführt und neue Erkenntnisse ableitet.
- Überprüfbare Aussagen durch präzise, detaillierte und überzeugende Gedankengänge auf Basis klarer Prämissen und Gedankengängen
- Prägnante Formulierungen durch sachgerechte Verwendung der Fachterminologie und Verzicht auf unwissenschaftliche, triviale Sprachhülsen
- Relevante Aussagen durch zweckadäquate Gedankengänge und Verzicht auf Randaspekte der Themenstellung

2.4 Inhalt - Formulierungen
Korrektheit und Leserfreundlichkeit

- **Korrektheit**
  - Regeln der deutschen Sprache beachten:
    - Orthografie,
    - Grammatik und
    - Interpunktion.
  - Der alten Rechtschreibung oder der neuen Rechtschreibung folgen, dies aber dann konsistent.

- **Lesefreundlichkeit**
  - Keine langen Schachtelsätze,
  - keine blumige Formulierungen,
  - keine unnötigen Fremdwörter,
  - keine unbekannten Abkürzungen.

2.4 Inhalt - Formulierungen
Sprachliche und inhaltliche Prägnanz

- **Prägnanz**
  - Fehlende sprachliche Prägnanz ist häufig ein Zeichen dafür, dass der Autor das Thema inhaltlich nicht durchdrungen hat.
  - Folgende Bestandteile sollen gestrichen werden:
    - Überflüssige Adjektive und Tautologien, z. B.: ein billiges Sonderangebot, einzig und allein, immer und ewig, nie und nimmer.
    - Rückversicherungsworte, z. B. irgendwie, gewissermaßen, an und für sich, ja, nun.
    - Füllwörter, z. B. absolut, in etwa, gar, wohl, ja, irgendein, quasi, vielleicht, fast, leider, ab und zu, im Prinzip, eigentlich, immens, enorm, mehr oder weniger.
    - Steigerungen, z. B. sehr, unglaublich, besonders, absolut nicht, himmelschreiend.
    - Metaphern, z. B. Bauchlandung machen, auf der Hand liegen, am Puls der Zeit, daneben gehen, bitteres Ende, Nadel im Heuhaufen, Spitze des Eisbergs.
    - Banale Redewendungen, z. B. Personal anheuern, unnötigen Ballast abwerfen, auf den CRM-Zug aufspringen, gesunder Kompromiss.
    - Überflüssige Vorsilben, z. B. aufzeigen, absichern, aufspalten oder abmildern.
    - Substantivierungen, z. B. sämtliche Wörter mit der Endsilbe -ung oder –ierung.
  - Verwendung der Ich-Form oder Wir-Form ist zu vermeiden.

2.4 Inhalt - Formulierungen
Satzbildung und -folge

- **Satzbildung**
  - Sätze eher kurz halten.
  - Auf substanzlose Sätze verzichten.
    - „Die Kontrolle des Absatzweges ist nur begrenzt möglich."
    - „Als Beurteilung der Methode ergibt sich, dass sie eine genaue Prognose nicht ermöglicht."
  - Auf Logik achten.
    - „Die Konsequenzen sind zwar zeitunabhängig, können sich aber kurzfristig doch voneinander unterscheiden."
    - „Weil es sich um ein taktisches Ziel handelt, ist auch keine Operationalität gegeben."
    - „Entweder die Sonne scheint oder sie scheint nicht, oder es herrscht Nebel."

- **Satzfolge**
  - Auf Reihenfolge und roten Faden achten.
  - Auf Logik achten.
    - „... . Ziel muss es also sein, sich schnell einen großen Nachfragerkreis zu schaffen. Dies ist durch geschickte Werbung möglich. ..."

Quelle: Inhalte und Beispiele entnommen aus Bänsch/Alewell (2013)

2.4 Inhalt - Formulierungen
Abkürzungen

- Abkürzungen sollten, wenn nicht unbedingt nötig oder allgemein bekannt, vermieden werden.
- Zu den gebräuchlichsten Abkürzungen gehören:
  - a.a.O. = am angegebenen Ort
  - Abb. = Abbildung (fig.=figure)
  - Anm. = Anmerkung
  - Aufl. = Auflage (ed. = edition)
  - Bd. = Band (vol. = volume)
  - ders. = derselbe
  - Diss. = Dissertation
  - d.h. = das heißt (i.e.= id est)
  - ebd. = ebenda
  - et al . = et ali, und andere
  - f. = folgende (Seite)
  - ff. = fortfolgende (Seiten)
  - ggfls. = gegebenenfalls
  - H. = Heft
  - Habil. = Habilitation
  - Hrsg. = Herausgeber (ed.= editor)
  - Jg. = Jahrgang
  - N. N. = nomen nominandum
  - Nr. = Nummer
  - o. J. = ohne Jahresangabe
  - o. O. = ohne Erscheinungsortangabe
  - o. S. = ohne Seitenangabe
  - o. V. = ohne Verfasserangabe
  - S. = Seite (p. = Pagina, page)
  - s. = siehe
  - Sp. = Spalte
  - Tab. = Tabelle
  - u. a. = und andere
  - Verf. = Verfasser
  - vgl. = vergleiche (cf. =confer)
  - Vol. = Volume (Band)
  - zit. nach = zitiert nach
- Bei Verwendung nur der gebräuchlichen Abkürzungen kann auf ein Abkürzungsverzeichnis verzichtet werden.

2.5 Inhalt - Literaturarbeit

2.5 Inhalt - Literaturarbeit
Überblick

- Die **korrekte** und **kritische** Arbeit mit der Literatur ist eine zentrale Anforderung an schriftliches Arbeiten.
- Es werden alle von anderen übernommenen Aussagen und Gedankengänge als solche gekennzeichnet.
  - Unterzitiert ist eine Arbeit, wenn obiger Satz nicht erfüllt ist.
  - Überzitiert ist eine Arbeit,
    - (1) wenn zu häufig wörtlich zitiert wird,
    - (2) wenn unnötig zitiert wird,
    - (3) wenn so häufig zitiert wird, dass kaum eigene Gedankengänge erkennbar sind.
- Es werden alle Verfälschungen von Inhalt und Aussage von verwendeten Quellen unterlassen.
- Es wird nur primär zitiert, da sonst Verfälschungen nicht vermieden werden können.
- Es wird immer mit den neuesten Auflagen gearbeitet – es sei denn, dass gerade auf spezielle Aussagen der alten Auflage hingewiesen werden soll und dies kenntlich gemacht wird.
- Die Aussagen der Quellen werden inhaltlich reflektiert, verglichen und einer kritischen Bewertung unterzogen. Eine kritische Literaturarbeit ist Teil der eigenständigen Leistung.

2.5 Inhalt - Literaturarbeit
Zitationswürdigkeit und Kriterien der Literaturauswahl

- Zitationswürdig sind:
  - Renommierte Lehrbücher, Dissertation, Habilitationen, sonstige wissenschaftliche Monographien,
  - Beiträge in Fachzeitschriften oder auf Konferenzen mit Reviewprozess (gleich ob in Papierform oder elektronisch publiziert), sonstige Fachzeitschriften,
  - Sammelbände mit renommierten Herausgebern, sonstige Sammelbände,
  - Arbeitspapiere renommierter Hochschulen.
- Eingeschränkt zitationswürdig sind
  - Tageszeitungen und Publikumszeitschriften (Focus, Spiegel, Stern) -> nur als Beispiel bzw. Teaser,
  - allgemeine Internetquellen - > können als Beispiel verwendet werden (z. B. Seite der GFK zu Dienstleistungen der GFK).
- Nicht zitationswürdig sind
  - nicht öffentliche Quellen (viele Studienschriften),
  - Wikipedia o.ä. -> nur als erste Orientierung verwenden.

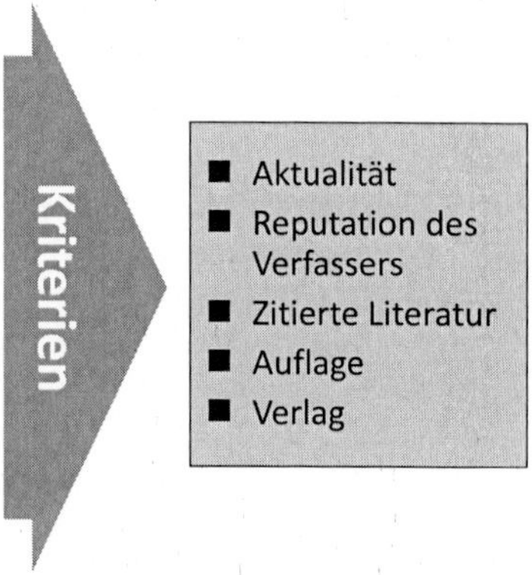

2.5 Inhalt - Literaturarbeit
Zitationswürdigkeit des „Internet"

Als Grundregel gilt: Internetquellen sind nicht ohne weiteres zitationswürdig, insbesondere problematisch sind Definitionen und andere Informationen, z. B. aus Wikipedia.

Aber entscheidend ist die Einzelfallprüfung.

- Durchaus zitationswürdig sind beispielsweise folgende Internetquellen ...
  - Deutsche Bundesbank zu Fragen der Geldpolitik,
  - Internetseite des Statistischen Bundesamtes zu entsprechenden Themen,
  - Finanzbericht der E.ON zu Geschäftszahlen der E.ON,
  - Ministerien zu ihren Gesetzentwürfen,
  - renommierte Marktforschungsinstitute wie Allensbacher zur ihren Untersuchungen,
  - SAP zu seinen Produkten.

2.5 Inhalt - Literaturarbeit
Literatursuche

Schneeballsystem

- Man beginnt mit einigen wenigen neueren Quellen und arbeitet sich über die dort referenzierten Verweise weiter
- Erste Ansatzpunkte sind
  - Fachlexika und Handwörterbücher, z. B. Handwörterbuch des Marketing im Marketing,
  - Lehrbücher, z. B. der „Reichmann", „Küpper", „Horváth" im Controlling, „Homburg", „Meffert" oder „Kotler" im Marketing,
  - neue Jahrgänge von relevanten Fachzeitschriften, z. B. ZfB, ZfbF, JoM, JMR, ZfO,
  - neuere Dissertationen in verwandten Themengebieten (suche über elektronische Kataloge).

Systematische Suche

- Suche nach Schlagworten in Katalogen und Bibliographien.
- Ansatzpunkte sind insbesondere elektronische Kataloge:
  - OPACs lokaler Bibliotheken,
  - Deutsche Bibliothek für Bücher,
  - Karlsruher virtueller Katalog, insb. für Bücher,
  - elektronische Kataloge der eigenen oder anderer Universitäten,
  - andere Kataloge, z. B.
    - McKinsey.
    - BCG.
- Problem ist die Recherche nach Beiträgen in Fachzeitschriften oder Sammelbänden.

2.5 Inhalt - Literaturarbeit
Bibliotheken und Kataloge

Lokale (echte) Bibliotheken

- In den meisten Regionen gibt es mehr als die eigene Hochschulbibliothek, z.B. im Raum Rhein-Main :
  - Uni Frankfurt, FH Frankfurt,
  - Uni Mainz, FH Mainz,
  - TU Darmstadt, FH Darmstadt,
  - FH Wiesbaden.
- Die deutsche Nationalbibliothek in Frankfurt verfügt als Präsenzbibliothek über alle deutschsprachigen Bücher und Zeitschriften nach dem zweiten Weltkrieg.
- Nachteile:
  - jeweils beschränkter Umfang an Büchern und Zeitschriften,
  - Bücher können ausgeliehen sein,
  - aber die meisten Bibliotheken haben heute eine elektronische Verfügbarkeitsprüfung.

Fernleihe

- System, mit dessen Hilfe (fast) alle Bücher und Zeitschriftenartikel verfügbar sind.
- Nachteile:
  - Es dauert bis zu drei Wochen bei Büchern,
  - Gebühren.

Elektronische Systeme

- Volltextkataloge
  - Deutsch: Genios, WISO, HWWA.
  - Englisch: ABI/Inform, NexisLexis, SSCI.
  - VLB, Books in Print (USA und UK).
- Nachteile:
  - Unter Umständen fallen Kosten für die Recherche und die Downloads an.

2.5 Inhalt - Literaturarbeit
Auswahl elektronischer (Volltext)-Kataloge und Statistik-Seiten

(Volltext)-Kataloge

- Wiso
  - Deutsche BWL Volltexte aus Zeitschriften
  - http://www.wiso-net.de/index00.html
- Genios
  - Kostenpflichtiger Host z. B. auch Wiso etc.
  - https://www.genios.de/dosearch/
- ABI/Inform
  - US Zeitschriften (Forschung und Praxis)
  - http://il.proquest.com/products_pq/descriptions/abi_inform_complete.shtml
- Business Source Elite
  - Ca. 5000 Zeitschriften, davon 4000 in Volltext
  - http://www.epnet.com/thisTopic.php?marketID=1&topicID=399
- Emerald Management Xtra
  - Englischsprachige Management Zeitschriften
  - http://www.emeraldinsight.com/
- LexisNexis
  - US-Zeitungen, z. B. Wall Street Journal
  - http://www.lexisnexis.com/
- ECONLIT
  - VWL-lastiger Katalog der American Economic Association's
  - http://www.econlit.org/

Statistik-Seiten

- Statista
  - Viele Statistiken aus Deutschland
  - http://de.statista.com/
- Destatis
  - Statistisches Bundesamt
  - https://www.destatis.de/DE/Startseite.html
- Eurostat
  - Statistisches Amt der EU
  - http://epp.eurostat.ec.europa.eu/portal/page/portal/eurostat/home/
- American Bureau of Census
  - Statistisches Amt der USA
  - http://www.census.gov/#

Die genannten Kataloge sind meist kostenpflichtig, daher können sich die Zugriffsmöglichkeiten an jeder Hochschulbibliothek unterscheiden.

2.5 Inhalt - Literaturarbeit
Sonstige Quellen

- Unternehmen für Geschäftsberichte, z. B. E.ON, DaimlerChrysler
- Marktforschungsinstitute, z. B. Allensbacher AWA
- Unternehmensverbände, ZAW, GWA, VDMA
- Ministerien, z. B. www.bundeskanzlerin.de
- Statistisches Bundesamt, Eurostat
- Bundesbank, Europäische Zentralbank
- Max-Planck-Gesellschaft, Fraunhoferinstitut
- Amerikanische Universitäten, z. B. HBS, Sloan School (MIT)

Die Zitationswürdigkeit ist wie bei Internetquellen im Einzelfall zu bewerten.

Wissenschaftliches Arbeiten

3. Kapitel: Struktur

3.1 Struktur - Grundstruktur

3.1 Struktur – Grundstruktur
Grobstruktur einer Bachelor- oder Masterthesis

- Einführung
  - Problemstellung: Beschreibung des Problemkreises und der Bedeutung der bearbeiteten Fragestellung,
  - Zielsetzung der Arbeit: Festlegung einer eindeutigen Fragestellung mit Detailfragen (und eventuellen Abgrenzungen),
  - Vorgehensweise: Beschreibung der Vorgehensweise, d. h. der Kapitelinhalte der Arbeit.
- Hauptteil
  - Darlegung des Stands von Forschung und Praxis relevanter (und nur relevanter) Gebiete,
  - eigener wissenschaftlicher Beitrag (z. B. neue Theorie, neue Empirie oder Anwendung im konkreten Unternehmen),
  - Ableitung von Handlungsempfehlungen für unterschiedliche Zielgruppen
  - kritische Reflexion der eigenen Arbeit.
- Schluss (oder Fazit)
  - Kurze Zusammenfassung der wichtigsten Erkenntnisse,
  - Ausblick auf Zukunft, weitere Untersuchungsmöglichkeiten.
  - Wichtig: Die inhaltliche Bewertung der Ergebnisse gehört in den Hauptteil der Arbeit!!!

3.1 Struktur - Grundstruktur Detailstruktur, Layout, Paginierung (I)

Element	Paginierung		Bemerkung
Einband und Leerseite	nein	optional	nur bei gebundenen Arbeiten
Sperrvermerk	nein	optional	nur wenn unbedingt erforderlich
Titelseite	nein	immer	hier beginnt implizit die römische Paginierung
Eidesstattliche Erklärung	nein	wenn gefordert	FH Mainz an dieser Stelle
Bibliographische Angaben	nein	optional	nur bei Büchern etc., Rückseite des Titelblattes
Widmung oder Zitat	nein	optional	nur bei Büchern, Dissertationen o.ä.
Executive Summary	römisch, fortl.	optional	bei Studienschriften ungern gesehen
Geleitwort	römisch, fortl.	optional	nur bei Dissertationen o.ä. üblich
Vorwort	römisch, fortl.	optional	nur bei Monographien üblich
Inhaltsverzeichnis	römisch, fortl.	immer	
Abbildungsverzeichnis	römisch, fortl.	optional	ist meist gefordert, geringer Nutzwert
Tabellenverzeichnis	römisch, fortl.	optional	ist meist gefordert, geringer Nutzwert
Abkürzungsverzeichnis	römisch, fortl.	optional	ist meist gefordert und sinnvoll
Symbolverzeichnis	römisch, fortl.	optional	selten gefordert

3.1 Struktur - Grundstruktur Detailstruktur, Layout, Paginierung (II)

Element	Paginierung		Bemerkung
Text der Arbeit	arabisch, neu	immer	Paginierung beginnt mit 1
Literaturverzeichnis	arabisch o. römisch, fortl.	immer	Trennung von klassischen Print-Quellen und Internetquellen
Quellen-/Rechts-sprechungsverzeichnis	arabisch o. römisch, fortl.	optional	
Namensverzeichnis	arabisch o. römisch, fortl.	optional	Verzeichnis der Namen von natürlichen Personen und/oder Unternehmen
Register	arabisch o. römisch, fortl.	optional	
Anhangsverzeichnis	arabisch o. römisch, fortl.	optional	Trennung zwischen gedruckten Anhang und elektronischen Anhang (auf CD/DVD)
Anhänge	arabisch o. römisch, fortl.	optional	
Eidesstattliche Erklärung	nein	wenn gefordert	FH Frankfurt an dieser Stelle
Wörterzählung	nein	wenn gefordert	FH Mainz: verpflichtend
Lebenslauf	nein	wenn gefordert	meist nur bei Dissertation oder Habilitation
Leerseite (Schmutzdeckel)	nein	optional	nur bei gebundenen Arbeiten
Einband	nein	optional	nur bei gebundenen Arbeiten

3.1 Struktur - Grundstruktur Seitenumfang

- Der Seitenumfang einer Studienarbeit beinhaltet in aller Regel die Anzahl der Seiten des Fließtextes und schließt somit die Abbildungen und Tabellen mit ein; nicht aber das Titelblatt, die Gliederung, die Verzeichnisse sowie den Anhang.
- Eine Überprüfung über die Wortzahl ist sinnvoller als über die Seitenzahl, da Abbildungen sonst vermieden werden.
- Als allgemeine, ungefähre Richtwerte für den relevanten Seitenumfang gelten an der FH Mainz und der FH Frankfurt die nachstehenden Angaben, die Anforderungen werden allerdings **im einzelnen von dem Betreuer** festgelegt:

▪ **Hausarbeit:**	**10 – 20 Seiten (maximal 5.000 Worte),**
▪ **Bachelorarbeit:**	**35 – 40 Seiten (maximal 10.000 Worte),**
▪ **Masterarbeit:**	**40 – 50 Seiten (maximal 12.000 Worte).**

3.2 Struktur - Gliederung

3.2 Struktur – Gliederung
Allgemeines und Gliederungskriterien für den Hauptteil (I)

- Die Gliederung muss alle Elemente des Themas beinhalten.
- Die Gliederung muss zielorientiert sein.
- Die Gliederung muss themenadäquat detailliert sein.
- Die Gliederung sollte möglichst ausgewogen sein:
  - Gliederungspunkte auf einer Ebene müssen sich gegenseitig ausschließen.
  - Gliederungspunkte auf einer Ebene sollten sich vollständig ergänzen.
- Die Gliederung einer Ebene sollte nach einem Gliederungskriterium gebildet sein.

- Auf einer Gliederungsebene sollte im Regelfall nach einem (und nur nach einem) Gliederungskriterium gegliedert werden;
  - Chronologische Gliederung,
    z. B. in die Forschung der fünfziger, sechziger und siebziger Jahre,
  - Entscheidungsorientierte Gliederung,
    z. B. in Standortentscheidung und Rechtsformentscheidung,
  - Instrumentelle Gliederung,
    z. B. in Instrumente des strategischen Controlling und des operativen Controlling,
  - Funktionelle Gliederung,
    z. B. in Beschaffung, Produktion, Absatz, Logistik und Vertrieb,
  - ...

Quelle: stark verändert nach Preißner (2012)und Brink (2013)

3.2 Struktur – Gliederung
Gliederungskriterien für den Hauptteil (II)

- ...
- Institutionelle Gliederung,
  z. B. in Handels-, Energie-, Chemiebetriebslehre,
- Methodenorientierte Gliederung,
  z. B. in befragungs- und beobachtungsbasierte Methoden der Werbewirkungsforschung,
- Theoriegeleitete Gliederung,
  z. B. in Ablauf- und Aufbauorganisation oder in funktionale, divisionale und Matrixorganisation,
- Integrative Gliederung,
  Verknüpfung verschiedener Gliederungskriterien.

3.2 Struktur – Gliederung
Beispiel einer empirischen Arbeit (Auszug)

3.2 Struktur – Gliederung
Gliederungstiefe

- In Bachelor- und Masterschriften sind drei bis fünf Hauptkapitel angemessen (ohne Einführungs- und Schlusskapitel). Bei Seminararbeiten hingegen sind höchstens drei Hauptkapitel zweckmäßig.
- Jedes Hauptkapitel - mit Ausnahme der Einleitung und des Schlusses/Fazits - muss mindestens zwei Unterkapitel enthalten.
- Wird eine Gliederungsebene noch weiter untergliedert, muss die Untergliederung mindestens zwei Gliederungspunkte aufweisen (z. B. es darf kein 2.1.1 geben, wenn kein 2.1.2 folgt).
- Die Unterkapitel eines Hauptkapitels sollten in maximal drei Gliederungsebenen untergliedert werden (z. B. ist ein 3.1.1, jedoch nicht ein 3.1.1.1 zulässig).
- Ein Gliederungspunkt sollte mindestens eine halbe besser noch eine ganze Textseite umfassen.
- Die Gliederungstiefe muss ausgewogen sein, d.h. der inhaltlichen Bedeutung der Kapitel entsprechen. Daher ist es grundsätzlich unzweckmäßig, ein einzelnes Hauptkapitel tief zu untergliedern, während die übrigen Hauptkapitel nur flach untergegliedert werden.

3.2 Struktur – Gliederung
Numerisches und alphanumerisches Gliederungsschema

Wichtigste Anforderung an das Gliederungsschema (Nummerierung) ist die Konsistenz der Anwendung.

Sinnvoll ist eine numerische Nummerierung (DIN 1421 mit Einrückungen):

1. Einleitung
2. Die Entwicklung der Aktienkurse
   2.1 Die Entwicklung von 1950 – 1959
      2.1.1 1950 – 1954
      2.2.2 1955 – 1959
   2.2 Die Entwicklung von 1960 – heute

Auch andere Schemata wie alphanumerische können verwendet werden:

A. Einleitung
B. Die Entwicklung der Aktienkurse
   1. Die Entwicklung von 1950 – 1959
      a) 1950 – 1954
      b) 1955 – 1959
   2. Die Entwicklung von 1960 – heute

3.2 Struktur – Gliederung
Beispiel

Vergleichende Werbung I

Inhaltsverzeichnis

3.2 Struktur – Gliederung Kapitelüberschriften

- Überschriften müssen mit wenigen Worten möglichst viel sagen. Sinnvolle Formulierungen beinhalten zum Beispiel folgende Schlüsselworte:
  - Möglichkeiten der ...,
  - Analyse der...,
  - Grenzen der ...,
  - Vergleich der ... mit ...,
  - Bewertung der ...,
  - Bedeutung der ...,
  - Kritische Beurteilung der ...
  - Arten der...
  - Merkmale der ...,
  - Eigenschaften der ...
  - Bedingungen der ...
  - Voraussetzungen für ...,
  - Gefahren der ...,
  - Risiken der ...
  - Vorteile der ...,
  - Nachteile der ...,
  - Grundlagen der ...
  - Grundzüge der ...
  - Konzeption eines ...,
  - Bezugsrahmen für ...
- Jede Überschrift sollte eine inhaltliche Aussage enthalten („Sprechende Überschriften").; nicht: „Theorieteil", „Praxisteil"
- Überschriften sollten keine Abkürzungen und keine übermäßig komplizierten Fachbegriffe beinhalten.
- Überschriften sollten nicht als Fragen formuliert werden
- Auch Exkurse sind nicht üblich.

Quelle: stark verändert nach Preißner (2013) und Brink (2012)

3.3 Struktur - Spezielle Strukturelemente

3.3 Struktur – Spezielle Strukturelemente Sperrvermerk

- Sofern die erstellte wissenschaftliche Arbeit Daten enthält, die der Öffentlichkeit nicht zugänglich sein sollen, so ist ein Sperrvermerk als erstes Blatt noch vor dem Deckblatt einzubinden.
- Der Sperrvermerk verhindert die Veröffentlichung der Inhalte.
- Gerade Unternehmen überschätzen die Vertraulichkeit ihrer Unterlagen regelmäßig.
- Für Hausarbeiten oder Praxisberichte ist ein Sperrvermerk nicht vorgesehen.

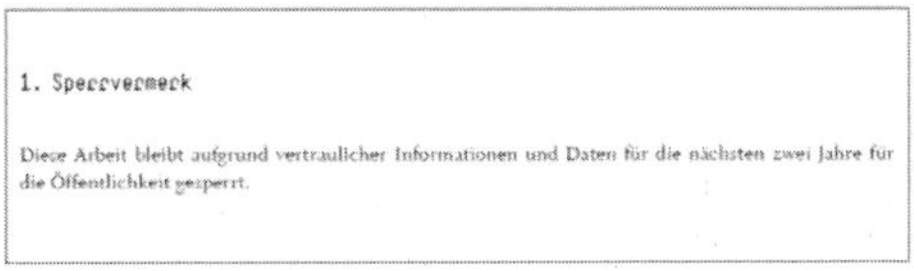
1. Sperrvermerk

Diese Arbeit bleibt aufgrund vertraulicher Informationen und Daten für die nächsten zwei Jahre für die Öffentlichkeit gesperrt.

In aller Regel ist entgegen der Einschätzung der Verfasser und betreuenden Unternehmen das allgemeine Interesse an den Daten in Abschlussarbeiten nur gering und ein Sperrvermerk nicht notwendig.

3.3 Struktur – Spezielle Strukturelemente Titelblatt - Beispiel FH Mainz

Im Titelblatt (Deckblatt) einer Studienarbeit werden

- das Wort „Bachelor-Arbeit“ oder „Master-Arbeit“, „Praxisbericht“ oder „Hausarbeit“,
- den Studiengang z. B. Betriebswirtschaftslehre,
- der Titel der Arbeit,
- Fachhochschule Mainz, University of Applied Sciences,
- den Fachbereich (Fachbereich Wirtschaft),
- vorgelegt von: Vorname, Name, Anschrift, Matr.-Nr. ,
- vorgelegt bei: Betreuer/-in (akademischer Grad), Vorname, Name,
- eingereicht am: Datum des Abgabetags
- Umfang: Anzahl der Worte des Haupttextes

präzisiert.

BACHELOR-ARBEIT
Studiengang Bachelor Betriebswirtschaftslehre

Event Management
Theoretische Grundlagen und Untersuchung der Nutzung im Handelsmarketing der Konsumgüterbranche

Fachhochschule Mainz
University of Applied Sciences
Fachbereich Wirtschaft

vorgelegt von: Michaela Musterfrau
Musterstraße 1
11111 Musterort
Matr.-Nr. 111111

vorgelegt bei: Prof. Dr. Michael Mustermann

eingereicht am: 01.01.2014

Umfang: 9.847 Worte

3.3 Struktur – Spezielle Strukturelemente Titelblatt - Beispiel FH Frankfurt

Das Titelblatt (Deckblatt) einer Studienarbeit enthält:

- Das Wort „Bachelor-Arbeit", „Master-Arbeit", „Praxisbericht" oder „Hausarbeit",
- Winter-/Sommersemester 20xx,
- am Fachbereich 3: Wirtschaft und Recht der Fachhochschule Frankfurt, University of Applied Sciences,
- im Studiengang z. B. Betriebswirtschaft (Bachelor of Arts),
- vorgelegt von: Vorname Name, Geburtstag- und -ort, Matr.-Nr. , Anschrift, E-Mail,
- Thema: Titel der Arbeit,
- Referentin: Titel, Vorname, Name,
- Korreferentin: Titel, Vorname, Name.
- Thema erhalten am: Datum,
- Arbeit abgegeben am: Datum.

BACHELORARBEIT
Wintersemester 2012/13

am Fachbereich 3: Wirtschaft und Recht
der Fachhochschule Frankfurt -
University of Applied Sciences

im Studiengang

Betriebswirtschaftslehre (Bachelor of Arts)

vorgelegt von

Karl Supermann
geb. am 07.06.1983 in Mainzelhausen
Matr.-Nr. 999999

Heinzelstr. 12, 99999 Mainzelhausen
karl.supermann@karl.de

Thema:

Marketing-Controlling

State of the Art und neue Entwicklungen

Referentin: Prof. Dr. Sabine Eins
Korreferent: Prof. Dr. Heinz Zwei

Thema erhalten: 09.09.1999
Arbeit abgegeben am: 09.09.2099

3.3 Struktur – Spezielle Strukturelemente Inhaltsverzeichnis

Der Grundaufbau

- Verzeichnis spezieller Textelemente (Abbildungen, Tabellen, etc.),
- Gliederung des Fließtextes,
- Verweis auf ergänzende Arbeitselemente (Literaturverzeichnis etc.).

Seitenangabe

- Die Paginierung beginnt implizit mit dem Titelblatt mit einer römischen I.
- Gedruckt wird die Paginierung erst ab dem Inhaltsverzeichnis (also meist mit einer V oder VII).
- Die Gliederung des Fließtextes, ein eventueller Anhang, das Literaturverzeichnis sowie die Eidesstattliche Erklärung sind mit arabischen Ziffern fortlaufend zu nummerieren.

Vergleichende Werbung I

Inhaltsverzeichnis

3.3 Struktur – Spezielle Strukturelemente Abbildungs- und Tabellenverzeichnis

- Das Abbildungsverzeichnis und das Tabellenverzeichnis werden von den meisten Betreuern gefordert.
- Der praktische Nutzen für den Leser wirtschaftswissenschaftlicher Arbeiten ist allerdings zweifelhaft.
- Abbildungsverzeichnis und Tabellenverzeichnis sollten ebenso wie die Nummerierung von Abbildungen und Tabellen durch das Textverarbeitungsprogramm automatisch erzeugt werden.

Vergleichende Werbung V

Abbildungsverzeichnis

3.3 Struktur – Spezielle Strukturelemente Abkürzungsverzeichnis

- **Das Abkürzungsverzeichnis enthält alle in der Arbeit verwendeten Abkürzungen, die nicht im Duden enthalten sind.**
- Werden nur allgemein übliche Abkürzungen verwendet, kann auf das Verzeichnis aus Sicht des Lesers verzichtet werden; die meisten Betreuer verlangen aber auch in diesem Fall das Anlegen eines Abkürzungsverzeichnisses.
- Das Abkürzungsverzeichnis folgt auf das Tabellenverzeichnis.

- Zusätzlich zu dem Abbildungsverzeichnis kann bei Bedarf auch ein Symbolverzeichnis angelegt werden (bei mathematischen Arbeiten mit vielen Formeln sinnvoll).

Vergleichende Werbung X

m.	mit
MA	Massachussetts
MANCOVA	Multiple Analysis of Covariance
MANOVA	Multiple Analysis of Variance
Marketing ZFP	Marketing Zeitschrift für Forschung und Praxis
Mio.	Millionen
Mrd.	Milliarden
MSS	Mittlere Streuung
MTMM-Matrix	Multi-Trait-Multi-Method-Matrix
n. F.	neue Fassung
NE	Nebraska
neg.	negativ
NJ	New Jersey
No.	Nummer
NR.	Nummer
NY	New York
o. a.	oben aufgeführt
o. ä.	oder ähnliche
o. g.	oben genannte
p. a.	per annum, pro Jahr
Pf.	Pfennig
PI	Purchase Intention, Kaufabsicht
pos.	positiv
RG	Reichsgericht
S.	Seite
sog.	sogenannte
S-O-R-Modell	Stimulus-Organismus-Response-Modell
Sp.	Spalte
SS	Streuung
u. a.	unter anderem
u. U.	unter Umständen
UK	United Kingdom of Great Britain
USA	United States of America
usw.	und so weiter
UWG	Gesetz gegen den unlauteren Wettbewerb
vgl.	Vergleiche
vs.	versus
W & V	Werben und Verkaufen
WIST	Wirtschaftswissenschaftliches Studium
WISU	Das Wirtschaftstudium
WWW	World Wide Web
z. B.	zum Beispiel
ZAW	Zentralverband der deutschen Werbewirtschaft

3.3 Struktur - Spezielle Strukturelemente
Einführung und Schlusskapitel

Einführung

- **„Einführung“**
  - **Unterkapitel „Problemstellung“**
    - Welches Problem wird behandelt?
    - Warum ist die Themenstellung bedeutsam?
  - **Unterkapitel „Zielsetzung der Arbeit“**
    - Was ist das Hauptziel der Arbeit?
    - Welche Teilziele werden dabei verfolgt?
  - **Unterkapitel „Vorgehensweise“**
    - Erweiterte Kommentierung des Inhaltsverzeichnisses,
    - auf der Ebene der ersten (max. zweiten Gliederungsebene),
    - keine Ergebnisse der Arbeit vorwegnehmen.

Schluss-kapitel

- **Schlusskapitel „Zusammenfassung und Ausblick“**
  - Wichtigste Erkenntnisse zusammenfassen,
  - Ausblick auf weitere „Forschungsmöglichkeiten“ bzw. Ansatzpunkte geben.

4. Kapitel: Quellen

4.1 Quellen - Vorbemerkungen

4.1 Quellen – Vorbemerkungen
Allgemeines

- Es gibt viele Regelwerke, wie mit Quellennachweisen umzugehen ist. An Universitäten hat fast jeder Lehrstuhl ein eigenes Regelwerk.
- Grundsätzlich sind zu unterscheiden:
  - nach Position des Quellennachweises
    - im Text (Harvard-Methode): der Quellennachweis erfolgt im Text in Klammern
    - mit Fuß- oder Endnote: der Quellennachweis erfolgt am Seiten-, Kapitel- oder Textende
  - nach Umfang des Quellennachweises
    - Vollbeleg: jeder Quellennachweis enthält die vollständigen bibliographischen Daten; ein Literaturverzeichnis ist nicht notwendig
    - Kurzbeleg: jeder Quellennachweis enthält eine eindeutige Kennzeichnung; die vollständigen bibliographischen Daten erfolgen im Literaturverzeichnis
- Vorteil der Fußnotenmethode ist, dass hier auch weitere ergänzende Anmerkungen aufgenommen werden können. Vertreter der Harvard-Methode sehen hierin allerdings gerade einen Nachteil.

FH Mainz und FH Frankfurt: Verwenden Sie Kurzbeleg verbunden mit Fußnoten.

4.1 Quellen – Vorbemerkungen
Harvard-Methode und Fußnotenmethode

Harvard-Methode

abhängt (vgl. Bonoma 1985a, 201f.; Yin 1994, 4ff.). Hinsichtlich der Forschungsfrage der vorliegenden Arbeit eignen sich sowohl die qualitative Fallstudienmethode als auch unter den quantitativen Methoden die Befragung. Beobachtungen und Experimente sind eher ungeeignet. Beobachtungen kommen aufgrund der Nicht-Beobachtbarkeit vieler relevanter Konstrukte nicht in Frage; Feldexperimente scheiden aufgrund der mangelnden Kontrollierbarkeit der Konstrukte in der Praxis aus; Laborexperimente scheinen uns aufgrund der mangelnden Übertragbarkeit der komplexen und langwierigen organisatorischen Entscheidungsprozesse im Preismanagement in ein Laborumfeld ebenfalls als nicht geeignet.

Der Mangel an theoretischen und empirischen Erkenntnisse ist der Grund für die Verwendung der Fallstudienmethode. Wie bereits erwähnt, wurde die im Rahmen der vorliegenden Arbeit untersuchte Forschungsfrage von der Preisforschung i. a. R. durch die Unterstellung der organisatorischen Prämissen ausgeklammert und nur in wenigen Ausnahmefällen am Rande thematisiert. Von einer umfassenden Theorie, wie sie einer quantitativen Empirie als Basis für Hypothesentests zugrunde liegen muß (vgl. Bonoma 1985a, 201), kann keine Rede sein. Eine rein deskriptive Befragung, wie sie beispielsweise von Wied-Nebbeling (1975 und 1985) durchgeführt wurde, eignet sich zwar zur Illustration einzelner Aspekte, kann aber nicht zur Erreichung unserer Erkenntnisziele führen, da hier Aufdeckung von Zusammenhängen im Vordergrund steht und nicht die rein deskriptive Beschreibung.

Für die Phase der Theoriebildung ist die Fallstudienmethode die überlegene empirische Methode (vgl. Bonoma 1985a, 206; Eisenhardt 1989a, 548). Die Fallstudienmethode ermöglicht es, neuartige und sehr komplexe Fragestellungen intensiver, umfassender und flexibler zu erfassen (vgl. Miles und Huberman 1994, 10) als quantitativ empirische Methoden. Darüber hinaus ist aufgrund des häufig vorhandenen Längsschnittcharakters von Fallstudien auch die Aufdeckung von Kausalitäten möglich. Dies ist eine Eigenschaft, die die meisten quantitativ empirischen Studien aufgrund ihres Querschnittcharakters nicht aufweisen (vgl. Eisenhardt 1989a).

Zusätzlich ist noch ein weiterer Vorteil der Fallstudienmethode für uns von Bedeutung. Die Fallstudienmethode erlaubt es, mit einer großen Anzahl situativer Einflußfaktoren umzugehen. Diese ergibt sich bei uns aus der Definition der Erkenntnisziele, die keine Beschränkung unserer Arbeit auf einen einzelnen Unternehmenstypus oder eine einzelne Branche vorsieht. Wie wir in Kapitel 6 darstellen werden, haben die Erfahrungen der empirischen Organisationsforschung bei der Überprüfung des Kontingenzansatzes gezeigt, daß quantitative Forschungsmethoden in der Organisationsforschung nur mit einer begrenzten Zahl situativer Einflußfaktoren umgehen können (vgl. Kapitel 6.4.2.2 und die dort angegebene Literatur). „... it is important that the relationship of the organization to the environment is framed in a more precise way. A theory must include both the array of environmental sectors with which an organization interacts and the attributes of specific sectors" (Tosi und Slocum 1984, 14). Eine derartige fokussierte und präzise Formulierung der Fragestellung ist aber aufgrund des bisherigen Mangels einer umfassenden Theorie nicht möglich.

Ein Teil der Kritik, der an der Validität und Reliabilität der Fallstudienforschung geübt wird, vernachlässigt die rasante Weiterentwicklung der Fallstudienforschung in den letzten zwanzig Jahren. Die Fallstudienforschung noch immer als eine „method without a technique" zu bezeichnen, deutet auf die Unkenntnis dieser Entwicklung hin (vgl. Miles und Huberman 1994, 2). Durch die Weiterentwicklung der methodischen Anforderungen ist die Durch-

37

Fußnotenmethode

die Kommunikation hat sich dementsprechend zu einem **strategischen Erfolgsfaktor** für Unternehmen entwickelt.[47]

Als Konsequenz dieser erhöhten Kommunikationsrelevanz nimmt der Einsatz kommunikativer Aktivitäten zu und resultiert wiederum in einem starken **Anstieg der Kommunikationsausgaben**.[48] Seit dem Jahre 1990 sind die Werbeinvestitionen in Deutschland um mehr als 50 Prozent gestiegen und haben inzwischen einen Stand von über 30 Mrd. Euro erreicht.[49] Die Budgets für die Kommunikationsinstrumente haben fast durchgängig zugenommen,[50] mit weiterhin steigender Tendenz.[51] Einer empirischen Studie zufolge betragen die Kommunikationsaufwendungen – branchenabhängig – bis über ein Fünftel der unternehmerischen Gesamtausgaben.[52].

In Zeiten zunehmenden Wettbewerbsdrucks sowie knapper Budgets steht die Kommunikation jedoch im internen Wettbewerb um (finanzielle) Ressourcen. Im Kampf um das Budget stellt sich verstärkt die Frage, welchen Beitrag die Kommunikation tatsächlich zum Unternehmenserfolg leistet.[53] Die Kommunikationsverantwortlichen haben dementsprechend einer **Nachweispflicht** nachzukommen, indem sie den in der kommunikationsrelevanten Markenerfolgskette postulierten **Zusammenhang zwischen Kommunikation und der unternehmerischen Wertsteigerung** offenlegen.[54] Der interne Druck einer Messbarkeit, d.h. eines transparenten sowie nachvollziehbaren Nachweises des Wertschöpfungsbeitrags der Kommunikation, steigt.[55]

47 Vgl. z.B. *Bruhn* 2007a, S. 483; *Bruhn* 2007b, S. 25ff.; *Bruhn* 2009f, S. 13.

48 Vgl. *Zerfaß* 2005b, S. 190.

49 Die Werbeinvestitionen beliefen sich im Jahre 1990 auf 39,5 Mrd. DM (umgerechnet etwa 20,2 Mrd. Euro) und im Jahre 2007 auf 30,8 Mrd. Euro (vgl. *ZAW* 1992, S. 5; *ZAW* 2008, S. 10).

50 Im Jahre 2000 erreichten die Werbeinvestitionen in Deutschland einen Höhepunkt von 33,2 Mrd. Euro, gefolgt von einer Abnahme in den Jahren 2000 bis 2003. Seit dem Jahre 2003 steigen die Investitionen jedoch wieder an (vgl. *ZAW* 2004, S. 9; *ZAW* 2008, S. 9ff.).

51 Vgl. *Piwinger* 2005, S. 51; *ZAW* 2008, S. 9; *Zerfaß* 2008, S. 437.

52 Laut Studienergebnissen betragen die Kommunikationsaufwendungen in der Konsumgüterindustrie bis über 20 Prozent der Gesamtausgaben von Unternehmen (vgl. *Bernnat/Groß* 2004, S. 9).

53 Vgl. *Pfannenberg/Zerfaß* 2005, S. 187; *Zerfaß* 2005b, S. 183; *Zerfaß* 2008, S. 437.

54 Vgl. *Ambler* 2004, S. 57; *Lautenbach/Sass* 2005a, S. 36; *Bauer/Hammerschmidt* 2008, S. 34; *Meffert/Perrey* 2008, S. 52.

55 Vgl. *Lautenbach/Sass* 2005b, S. 482; *Zerfaß/Pfannenberg* 2005, S. 14; *Meffert/Perrey* 2008, S. 52; *Primosch/Gleumes* 2008, S. 42. *Alfred Marquart*, Mitarbeitender der Abteilung Kommunikationsforschung bei Corporate Communications der

4.1 Quellen – Vorbemerkungen
Allgemeines

Gesetzliche Grundlage für das Zitieren ist der § 51 des Urheberrechtsgesetzes:

„Zulässig ist die Vervielfältigung, Verbreitung und öffentliche Wiedergabe, wenn in einem dem Zweck gebotenen Umfang

1. einzelne Werke nach dem Erscheinen in ein selbständiges wissenschaftliches Werk zur Erläuterung des Inhalts aufgenommen werden,
2. Stellen eines Werkes nach der Veröffentlichung in einem selbständigen Sprachwerk ausgeführt werden... ".

- Das Zitat muss einen Zweck verfolgen (nicht rein kommerziell).
- Die Verwertung des zitierten Werkes darf durch das Zitat nicht unzumutbar beeinträchtigt werden.
- Der zitierte Text darf nicht verändert werden.
- Zitate dürfen auch als Motto einem eigenen Werk vorangestellt werden, ohne dass konkret der Inhalt erläutert wird.
- Werden einzelne Werke zitiert, so müssen diese vorher erschienen sein.
- Die Angabe von bibliographischen Daten ist grundsätzlich frei.

Quelle: stark verändert nach Preißner (2013)

4.2 Quellen - Wörtliche Zitate

4.2 Quellen – Wörtliche Zitate
Allgemeines

Wörtliche Zitate sind zeichengenaue, wörtliche Übernahmen von Textelementen einer fremden Quelle.

- Wörtliche Zitate bilden die Ausnahme. Sie sind gebräuchlich bei
  - Definitionen,
  - fremdsprachigen Zitaten, sofern eine Übersetzung zum Qualitätsverlust führt,
  - wenn eine inhaltliche Wiedergabe zur Sinnverdrehung führt.
- Ein Aneinanderreihen wörtlicher Zitate wird als eine unreflektierte und überflüssige Argumentationsführung gewertet.
- Wörtliche Zitate sollten nicht länger als zwei bis vier Sätze sein.

„Koordinationsprobleme treten auf, wenn die Entscheidungsfindung in der Organisation in dezentraler Weise erfolgt und die einzelnen Entscheidungsträger interdependent sind" (Kirsch 1971, 61).

„Koordinationsprobleme treten auf, wenn die Entscheidungsfindung in der Organisation in dezentraler Weise erfolgt und die Entscheidungsträger interdependent sind."[22]

[22] Kirsch 1971, 61.

4.2 Quellen - Wörtliche Zitate
Grundlegende Vorgehensweise

Kennzeichnung

- Wörtliche Zitate werden in Anführungszeichen gesetzt.
- Bei der **Fußnoten-Methode** erfolgt die Fußnote **hinter** dem Satzzeichen und dem Anführungszeichen. Der Quellenbeleg in der Fußnote enthält Autor/en, Jahr und Seitenangabe, aber kein „vgl.".

„Koordinationsprobleme treten auf, wenn die Entscheidungsfindung in der Organisation in dezentraler Weise erfolgt und die Entscheidungsträger interdependent sind."[22]

[22] Kirsch 1971, 61.

- Bei der **Harvard-Methode** erfolgt nach dem zweiten Anführungszeichen und **vor** dem Satzzeichen in Klammern der Quellenbeleg mit Autor/en, Jahr und Seitenangabe. Auch hier gibt es kein „vgl.".

„Koordinationsprobleme treten auf, wenn die Entscheidungsfindung in der Organisation in dezentraler Weise erfolgt und die einzelnen Entscheidungsträger interdependent sind" (Kirsch 1971, 61).

4.2 Quellen - Wörtliche Zitate
Besonderheiten im Layout des Originals

Handhabung von Textformatierungen im Original

- Wenn im Original Textformatierungen (z. B. *Kursivschrift* oder **Fettdruck**) vorhanden sind, wird im Zitat in einer eingeklammerten Anmerkung (Hervorhebung/en im Original) direkt hinter der Formatierung oder am Ende des Kurzbeleges mit Semikolon abgetrennt (s.o.) darauf hingewiesen.
- Wenn eine eigene Hervorhebung ergänzt wird, die im Original nicht vorhanden ist, wird entsprechend mit der Anmerkung „keine Hervorhebung im Original" verfahren.

„Koordinationsprobleme treten auf, wenn die Entscheidungsfindung in der Organisation in *dezentraler Weise* erfolgt und die Entscheidungsträger **interdependent** sind."[22]

[22] Kirsch 1971, 61; Hervorhebungen im Original

„Koordinationsprobleme treten auf, wenn die Entscheidungsfindung in der Organisation in *dezentraler Weise* erfolgt und die einzelnen Entscheidungsträger **interdependent** sind" (Kirsch 1971, 61; Hervorhebungen im Original).

4.2 Quellen - Wörtliche Zitate
Auslassungen und Einfügungen

Auslassungen

- Auslassungen sind der Verzicht auf Teile des Originals.
- Auslassungen dürfen nicht den Sinn des Originals verfälschen.
- Bei Auslassung eines Wortes wird dies durch zwei aufeinander folgende Punkte, bei Auslassungen von zwei oder mehr Worten durch drei aufeinander folgender Punkte kenntlich gemacht.

> „Die einzelnen Entscheidungen dürfen folglich nicht isoliert beurteilt werden; vielmehr ist die Wirkung einer Entscheidung auf andere ... Entscheidungen zu berücksichtigen" (Adam 1969, 620).

Einfügungen

- Einfügungen sind Kommentierungen des Autors.
- Einfügungen werden in eckige Klammern gesetzt. Zusätzlich erfolgt ein Hinweis auf die Einfügung am Ende der Klammer.

> „Eine jüngere Untersuchung [zum Einfluss der Marktposition, Anm.] wurde ... ."[22]
>
> ---
>
> [22] Wiltinger 2002, 163

4.2 Quellen - Wörtliche Zitate
Formalien

Fehler in der Originalquelle

- Orthografische oder grammatikalische Fehler werden übernommen!
- Sie werden mit dem Kürzel (sic!) direkt hinter dem Fehler gekennzeichnet.
- Ist das Zitat lediglich in alter Rechtschreibung, muss nicht darauf hingewiesen werden.

Fremdsprachige, wörtliche Zitate

- Fremdsprachige, wörtliche Zitate sollten eine Ausnahme bleiben; sie sind zulässig, sofern durch die Originalsprache Aspekte hervorgehoben werden, die bei einer Übersetzung verloren gingen.
- Die Verwendung von anderen Sprachen als englisch muss unbedingt mit dem Betreuer abgestimmt werden.

Sekundärzitate

- Sekundärzitate sind grundsätzlich zu vermeiden.
- In Ausnahmefällen, z. B. bei sehr alten Quellen, sind Sekundärzitate möglich und mit dem Zusatz „zitiert nach" zu kennzeichnen.

> „In fact, although pricing constitutes one of the more important marketing decisions that must be made in many firms, it is often done in a haphazard way " (Harper 1966, 30 zitiert nach Wiltinger 1998, 2).

4.3 Quellen - Sinngemäße Zitate

4.3 Quellen - Sinngemäße Zitate
Allgemeines

Sinngemäße Zitate sind die Übernahme von deskriptiven, ..., normativen Aussagen anderer Autoren, wobei diese mit eigenen Worten wiedergegeben werden.

- Sinngemäße Zitate sind in Studienarbeiten der Normalfall.
- Hervorhebungen, vorhandene Schreibfehler und/oder eine ältere Rechtschreibung etc. werden aus dem Original nicht übernommen.
- Ziel: die eigene Argumentation unterstützen, zu verstärken und/oder mit zusätzlichen Aspekten anzureichern.
- Sinngemäße Zitate werden in vollem Umfang als solche gekennzeichnet.

Eine mangelhafte Kennzeichnung sinngemäßer Zitate ist die häufigste Fehlerquelle bei schriftlichen Studienarbeiten und hat wird häufig als Betrugsversuch gewertet.

4.3 Quellen – Sinngemäße Zitate
Allgemeine Vorgehensweise

Kennzeichnung

- Sinngemäße Zitate werden nicht in Anführungszeichen gesetzt.
- Bei der Fußnoten-Methode kommt nach dem Satzzeichen das Fußnotenzeichen. Die Fußnote enthält den Quellenbeleg beginnend mit einem „vgl." und dann Autor/en, Jahr und Seitenangabe.

> Befragungen kommen zum Ergebnis, dass der Preis unter den Marketinginstrumenten dasjenige ist, das den Managern das größte Kopfzerbrechen bereitet. [22]
>
> ---
>
> 22 vgl. Robicheaux 1975, S. 56; Dolan 1980, S. 47ff.

- Bei der Harvard-Methode kommt die Klammer mit Quellenbeleg vor dem abschließenden Satzzeichen. Der Quellenbeleg beginnt mit einem „vgl." und enthält dann Autor/en, Jahr und Seitenangabe.

> Befragungen kommen zum Ergebnis, dass der Preis unter den Marketinginstrumenten dasjenige ist, das den Managern das größte Kopfzerbrechen bereitet (vgl. Robicheaux 1975, S. 56; Dolan 1980, S. 47ff.).

4.3 Quellen – Sinngemäße Zitate
Position des Quellenbelegs

Position der Fußnote bzw. Klammer

- Bezieht sich die Quellen auf einen ganzen Absatz, dann sitzt die Klammer oder das Fußnotenzeichen am Ende des Absatzes.
- Bezieht sich der Quellenbeleg nur auf einzelne Wörter oder einen Nebensatz, dann steht die Klammer bzw. das Fußnotenzeichen unmittelbar nach dem letzten zugehörigen Wort bzw. vor dem Satzzeichen des Nebensatzes.

Übernahme eines gesamten Kapitels oder Textabschnittes

- Bei inhaltlicher Wiedergabe ganzer Abschnitte (z. B. Kapitel) erfolgt ein Verweis auf die Fremdquelle am Ende des ersten dazugehörigen Satzes mit einer Anmerkung wie „zu der folgenden Argumentation vgl. auch" oder „eine ähnliche Sichtweise vertritt".

Sonstiges

- Mehrere Quellen werden durch Semikola getrennt und nach der Bedeutung für die eigenen Ausführungen geordnet; bei gleicher Bedeutung alphabetisch.
- Bezieht sich das Zitat auf zwei Seiten Angabe der ersten Seite gefolgt von f., bei drei oder mehr Seiten gefolgt durch ff.

4.4 Quellen - Quellenbelege

4.4 Quellen – Quellenbelege
Internetquellen

Internetquellen

- Bevorzugte Vorgehensweise ist der Kurzbeleg. Hier erfolgt:
  - die Angabe des Autors bzw. in den meisten Fällen aber der veröffentlichenden Institution
  - mit Abrufdatum sowie ggfls. Kennzeichnung durch Kleinbuchstaben,

  Der Vollbeleg - in diesem Fall ist dies die URL - erfolgt im Literaturverzeichnis.

(vgl. Competence Site abgerufen am 12.08.2006a)

- Alternative Möglichkeit ist der Vollbeleg mit URL und Abrufdatum in der Fußnote bzw. der Klammer und Abrufdatum.
- **Der Vollbeleg ist allerdings nicht sinnvoll**, da die URL inzwischen eine erhebliche Länge erreichen kann.

145) vgl. www.competence-site.de/..../... / .../.... php abgerufen am 12.08.2006

4.4 Quellen – Quellenbelege
Besonderheiten (I)

Mehrere Autoren

- Bis drei Autoren Trennung der Nachnamen durch einen Schrägstrich ohne Leerzeichen.
- Ab vier Autoren nur Nachname des ersten Autors und Zusatz „et al."

(vgl. Klose/Lösch/Thorn 1996, S. 17)

12) vgl. Hense et al. 1996, S. 199

Mehrere Quellen

- Trennung der verschiedenen Kurzbelege durch Semikola.
- Reihenfolge nach Bedeutung und oder Nachname; bei mehreren Quellen eines Autors nach Erscheinungsjahr.
- Bei mehreren Veröffentlichungen eines Verfassers mit gleichem Erscheinungsjahr erfolgt eine Unterscheidung mit Kleinbuchstaben a, b usw. direkt hinter der Jahreszahl.

14) vgl. Simon 1992c, S. 27; Simon/Tacke 1987, S. 123; Klose 1996a, S. 17; Klose 1996c, S. 22)

4.4 Quellen – Quellenbelege
Besonderheiten (II)

Keine Autoren bekannt

- Bei Zeitschriften oder Zeitungen werden häufig keine Autoren genannt.
  - Klassisch ist die Verwendung des Kürzels „o.V." anstelle eines Autorennamens
  - Empfehlung des Verfassers ist die Verwendung des Namens der Zeitschrift oder Zeitung anstelle des Autors mit Erscheinungsdatum und Seitenangabe.

(vgl. o.V. 1996a, S. 17)

123) F.A.Z. vom 12.07.2006, S. 12)

4.5 Quellen - Literaturverzeichnis

4.5 Quellen – Literaturverzeichnis
Allgemeines

- Das Literaturverzeichnis dient dazu, dass der Leser sich möglichst schnell und mühelos die angegebenen Quellen besorgen kann. Daher sind die Angaben notwendig, die dies ermöglichen bzw. vereinfachen.
- Im Literaturverzeichnis werden alle zitierten Quellen angegeben.
- Quellen, die nicht im Text zitiert werden, erscheinen nicht.
- Eine Abbildung / Tabelle aus Fremdquellen gilt als ein direktes oder indirektes Zitat und ist demzufolge im Literaturverzeichnis auszuweisen.
- Es sind Vollbelege mit vollständigen bibliografischen Angaben zu verwenden.
- Bachelor, Master- und Seminararbeiten sind nicht zitierfähig, da diese nicht allgemein zugänglich sind und sich somit der Überprüfbarkeit entziehen.
- Ebenso nicht zitierfähig sind unternehmensinterne Berichte oder Gespräche, sofern sie nicht im Anhang protokolliert sind.
- Das Literaturverzeichnis von Studienschriften wird grundsätzlich nicht nach Zeitschriften, Büchern etc. getrennt aufgeführt.
- Das Literaturverzeichnis wird alphabetisch und chronologisch nach Autoren geordnet (ohne Titel oder akademische Grade).

4.5 Quellen – Literaturverzeichnis
Struktur

- Es ist sehr sinnvoll, das Literaturverzeichnis nach Art der Quellen zu gliedern.
- Deshalb bietet sich **folgende Struktur** an ...
  1. Wissenschaftliche Quellen, dazu gehören Monografien wie Lehrbücher, Dissertationen etc., Beiträge in wissenschaftlichen Zeitschriften, Sammelbände (auch Herausgeberbände genannt), Beiträge in Sammelbänden),
  2. Quellen in Publikumszeitschriften und –zeitungen
  3. Internetquellen
  4. Unveröffentlichte Quellen/ unternehmensinterne Berichte

  - **In jedem Falle müssen wissenschaftliche Quellen ganz klar von Internetquellen abgegrenzt werden.**
  - **Allerdings ist es bei der Bachelor oder der Master Thesis unüblich, die wissenschaftlichen Quellen nochmals in sich zu untergliedern (d. h. in Monografien, Beiträge in Zeitschriften ...).**

4.5 Quellen – Literaturverzeichnis
Reihenfolge der Quellen

- Das Literaturverzeichnis wird alphabetisch und chronologisch nach Nachnamen des Autors/der Autoren geordnet (ohne Titel oder akademische Grade).
- Vorsatzwörter (z. B. Adelstitel) werden nicht in der Ordnung berücksichtigt (Bülow, Andreas von). Akademische Grade werden weggelassen.
- Zusammengesetzte Namen folgen den einfachen: Müller-Hagedorn nach Müller.
- Bei gleich lautenden Namen wird nach dem Vornamen geordnet: Müller, Heinz nach Müller, Hans.
- Bei Institutionen werden Präpositionen, Konjunktionen und Artikel weggelassen.
- Feststehende Abkürzungen werden wie Worte behandelt: FAZ steht wie Faz vor Fink.
- Bei mehreren Werken eines Autors wird chronologisch nach dem Erscheinungsjahr geordnet.
- Werke, die ein Autor alleine erstellt hat, werden vor Werke des gleichen Autors mit Koautoren gestellt.
- Werke eines Autors mit unterschiedlichen Koautoren werden nach dem Nachname der zweiten Autoren, dann der dritten usw. geordnet.

Quelle: in Anlehnung nach Preißner (1998), S.176

4.5 Quellen – Literaturverzeichnis
Monografien (I)

Nachname des Autors, 1. Buchstaben des Vornamens/der Vornamen (Erscheinungsjahr): Titel, Auflage (nur falls nicht die erste), Erscheinungsort: Verlag.

- Schriftgröße 10 oder 11 pt, Layoutelemente wie hängender Einzug dürfen verwendet werden.
- Eine Mischung aus abgekürzten und vollständigen Vornamen ist nicht zulässig.
- Untertitel werden mit Gedankenstrichen und/oder Kommata abgetrennt.
- Sind mehrere Schriften eines Autors aus einem Jahr, werden hinter der Jahreszahl Kleinbuchstaben beginnend mit „a" eingeführt.
- Bei mehr als drei Erscheinungsorten Nennung des ersten Ortes und „et al."
- Bei unbekanntem Erscheinungsort ist „o.O." („ohne Ortsangabe") zu verwenden.

Lindblom, C.E. (1997): The Intelligence of Democracy, New York (NY USA): Lang.

Simon, H. (1992): Preismanagement, 2. Auflage, Wiesbaden: Gabler.

Simon, H. (1995a): Preismanagement kompakt, Wiesbaden: Gabler.

Simon, H. (1995b): Kundenzufriedenheit, Stuttgart: Schäffer-Poeschel.

4.5 Quellen – Literaturverzeichnis
Monografien (II)

- Monografien mit mehreren Autoren sind im Literaturverzeichnis im Anschluss an die Einzelveröffentlichungen des ersten Autors aufzunehmen.
- Es werden alle (auch bei mehr als drei) Autoren mit Nachname sowie dem ersten Buchstabe des Vornamens genannt (kein et al.!).
- Die Namen mehrerer Autoren werden (durchgängig!) durch ein Semikolon getrennt.
- Die Reihenfolge ergibt sich aus der alphabetischen Reihenfolge der Nachnamen des Koautors bzw. der Koautoren.

Simon, H. (1995b): Preismanagement kompakt, Probleme und Methoden des modernen Pricing, Wiesbaden: Gabler.

Simon, H.; Kucher, E. (1992): Pharma-Marketing, Frankfurt: Forum.

Simon, H.; Tacke, G. (1990): Marketing-Revolution, Heidelberg: Springer.

4.5 Quellen – Literaturverzeichnis
Wissenschaftliche Zeitschriftenartikel

Autor(en) (Jahr): Titel, in: Zeitschrift, Jahrgang (Volume), Heft (Nr.), Seiten.

- Artikel sind Beiträge eines oder mehrerer Autoren in Fachzeitschriften oder Zeitungen (z. B. Zeitschrift für Betriebswirtschaft).
- Zeitungen oder Publikumszeitschriften sollten nur in Ausnahmefällen zitiert werden.
- Bei Zeitschriften mit Nummerierung des Jahresganges (Bandnummer oder Volume) und/oder des Heftes werden diese angegeben.

Gehani, R. R. (1993): Fighting Fires, in: OR/MS Today, 20. Jg., June, 8-9.

Gerstner, E.; Holthausen, D. (1986): Profitable Pricing When Market Segments Overlap, in: Marketing Science, 5 Jg., Nr. 1 (Winter), 55-69.

Gijsbrechts, E. (1993): Prices and Pricing Research in Consumer Marketing - Some Recent Developments, in: International Journal of Research in Marketing, 10 Jg., Nr. 2 (June), 115-151.

Kirsch, W. (1972): Die Koordination von Entscheidungen in Organisationen, in: Zeitschrift für betriebswirtschaftliche Forschung, 23 Jg., 61-82.

4.5 Quellen – Literaturverzeichnis
Sammelbände

Autor(en) (Hrsg.) (Jahr): Sammelbandtitel, Auflage (falls nicht erste), Erscheinungsort: Verlag.

- Sammelbände werden von einem oder mehreren Herausgebern herausgegeben, die für die Zusammenstellung der Beiträge und das redaktionelle Layout des Bandes verantwortlich sind.
- Häufig als Dokumentation von Tagungen, Kongressen oder als Handwörterbücher.
- Die Beiträge der einzelnen Autoren sind erkennbar.
- Sammelbände werden in das Literaturverzeichnis aufgenommen, wenn der Sammelband als ganzes oder aber mehrere Beiträge aus dem Sammelband als Quelle verarbeitet wurden.

Simon, H.; Kucher, E.; Hilleke-Daniel, K. (Hrsg.) (1989): Wettbewerbsstrategien im Pharmamarkt, Stuttgart: Schäffer-Poeschel.

Schultz, R. L.; Zoltners, A. A. (Hrsg.) (1981): Marketing Decision Models, New York (NY USA) et al.: Lang.

4.5 Quellen – Literaturverzeichnis
Beiträge in Sammelbänden

Autor(en) (Jahr): Titel des Beitrages, in: Autor/en des Sammelbandes (Hrsg.): Sammelbandtitel, Auflage (falls nicht erste), Erscheinungsort: Verlag, Seiten o. Spalten.

Backer, M. (1968): The Importance of Costs in Pricing Decisions, in: Marting, E. (Hrsg.), Creative Pricing, Chicago (IL USA): Free Press, 49-68.

Berthel, J. (1992): Informationsbedarf, in: Frese, E. (Hrsg.): Handwörterbuch der Organisation, 3. Auflage, Wiesbaden: Gabler, Sp. 872-886.

4.5 Quellen – Literaturverzeichnis
Berichte (z. B. Geschäftsberichte)

Berichte werden möglichst vollständig zitiert, so dass Sie vom Leser leicht identifiziert und gefunden werden können.

In aller Regel werden Berichte heute gedruckt und sind gleichzeitig auch – meist als PDF - im Internet abrufbar. Daher sollte die URL, bei der der Bericht abrufbar ist (in Klammern), mit angegeben werden.

BASF (2012): Geschäftsbericht 2012, Ludwigshafen (abgerufen unter http://www.basf.com/group/corporate/de/function/conversions:/publishdownload/content/about-basf/facts-reports/reports/2012/BASF_Bericht_2012.pdf am 27.07.2013)

Deutsche Bundesbank (2006): Statistische Sonderveröffentlichung Nr. 1 - Bankenstatistik-Richtlinien und Kundensystematik, Frankfurt 2006.

Klose, H. (1989): Controlling im Einzelhandel – eine empirische Studie, Forschungsbericht, Lehrstuhl für Controlling, Technische Universität Kaiserslautern.

Wiltinger, A. (2006): Vergleichende Werbung, Vortragsmanuskript, 3. November 2006, Marketing Club Dortmund, Dortmund.

4.5 Quellen – Literaturverzeichnis
Zeitungsartikel oder Artikel in Publikumszeitschriften

Da der Autor (Redakteur) häufig nicht im Vordergrund steht, gibt es zwei grundsätzliche Alternativen.

- 1. Alternative:
  - Die Zitierweise erfolgt analog der wissenschaftlichen Zitierweise
  - Hier kommt es häufig dazu, dass kein Verfasser bekannt ist, und deshalb als Autor o.V. (ohne Verfasser) angegeben wird.

o. V. (2013): Börsengang von Kion abgesagt, in: F.A.Z., Nr. 45 vom 28.02.2013, S. 45.

- 2. Alternative
  - Anstelle des Autors wird die Zeitung/Publikumszeitschrift als Verfasser angegeben.
  - Anstelle der Jahreszahl wird bei Zeitungen das Erscheinungsdatum, bei Publikumszeitschriften das Erscheinungsdatum, die Heftnummer bzw. der Monat angegeben – je nachdem was bei der jeweiligen Zeitschrift üblich ist.

Spiegel (Hrsg): Kohl wieder Kanzler, Heft 13/2014, S. 25 – 35.
Manager Magazin (Hrsg.): Dr. Z. hebt ab, Juli 2013, S. 10 – 12.

4.5 Quellen – Literaturverzeichnis
Internetquellen

Internetquellen werden mit Autor/Herausgeber/Institution, ggfls. Titel, vollständiger URL, Erscheinungsdatum (falls bekannt) sowie Abrufdatum belegt

Spiegel Online (2013): Partnerschaft mit Beijing Automotive: Daimlers gefährliche Allianz mit China, http://www.spiegel.de/wirtschaft/unternehmen/daimler-startet-partnerschaft-mit-baic-a-934273.html abgerufen am 19.11.2013.

Deutsche Bundesbank (2006): Sonderveröffentlichungen, http://www.bundesbank.de/statistik/statistik_veroeffentlichungen_sonder.php abgerufen am 14.08.2006.

4.5 Quellen – Literaturverzeichnis Experteninterviews

Wird die Bachelor- oder Master-Arbeit in Zusammenarbeit mit einem Unternehmen geschrieben und **Experteninterviews** durchgeführt, ergeben sich oftmals sehr viele Informationen in den Interviews.

Ein Interview wird durch ein **Protokoll, das dem Anhang beigefügt wird, belegt**. Ob ein Verlaufs- oder ein Ergebnisprotokoll anzufertigen ist, ist mit dem/der Betreuer/-in abzuklären.

Zu Beginn dieses Protokolls sind neben dem ausführlichen Wortlaut/wesentlichen Ergebnissen des Interviews die folgende Informationen zu nennen:

- Name und Anschrift des Interviewpartners,
- Name des Unternehmens, der Organisation oder der Institution,
- Position des Interviewpartners,
- Tätigkeitsbereich des Interviewpartners in dem Unternehmen, der Organisation oder der Institution,
- Datum und die Art der Auskunftserteilung (telefonisch oder persönlich).

Ein Interview ist eine vollwertige wissenschaftliche Quelle und daher zitationsfähig. Es ist wie folgt zu zitieren: Vgl. Interview vom 11.22.2011 mit Herrn/Frau (evtl. Titel) Vorname Nachname, Name des Unternehmens, des Verbandes oder der Institution. Siehe Anhang, S. 11.

Interview vom 01.03.2007 mit Herrn Erik Mustermann, Deutsche Verlagsgesellschaft. Siehe Anhang, S. 45.

Quelle: in Anlehnung an Mehler-Bicher (2013), S.19

5. Kapitel: Layout

5.1 Layout - Allgemein

5.1 Layout – Allgemein
Seitenformat

- **Papierformat:** - DIN A4 und „Ausrichtung“: Hochformat
- **Seitenränder:**
  - Oben: 2 cm bis Kopfzeile, 4 cm bis Text
  - Unten: 2 cm
  - FH Frankfurt
    - Links: 5 cm
    - Rechts: 2 cm
  - FH Mainz
    - Links: 4 cm
    - Rechts: 3 cm
- **Kopf- und Fußzeilen**:
  - Erleichtert die inhaltliche Orientierung
  - Kopfzeilen mit Überschriften der ersten Gliederungsebene rechts (bei beidseitig wechselnd) und Seitenzahl mittig
  - Abstand vom Seitenrand ca. 2 cm
  - geringfügig kleinere Schrift 11 pt
  - Unterlinie auswählen

5.1 Layout – Allgemein
Fließtext

- **Schriftart:** - Times New Roman (oder andere Schrift mit Serifen)
- **Schriftgröße:** - 12pt
- **Ausrichtung:** - Blocksatz
- **Zeilenabstand:** - 1,5 Zeilen
  - oder besser bei MS Word mindestens 12 pt
- **Abstand vor Absatz:** - 3 pt
- **Abstand nach Absatz:** - 3 pt
- **Absatzkontrolle:** - anschalten
- **Hervorhebungen:** - Keine !!!, d. h. keine *Kursiv*- oder **Fettschrift** o.ä. im Text verwenden.

Unbedingt mit dem Betreuer absprechen!

5.1 Layout – Allgemein
Kapitelüberschriften

Schriftgröße

- 1. Gliederungsebene:
  - Times New Roman, fett, 17 pt
  - Hängender Einzug: ca. 0,75 cm
  - Abstand vor: 21 pt
  - „Seitenwechsel oberhalb“ einschalten
- 2. Gliederungsebene:
  - Times New Roman, fett, 15 pt
  - Hängender Einzug: ca. 1,25 cm
  - Abstand vor: 30 pt
- 3. Gliederungsebene:
  - Times New Roman, fett, 13 pt
  - Hängender Einzug: 1,25 cm
  - Abstand vor: 24 pt
- 4. Gliederungsebene:
  - Times New Roman, 12 pt
  - Hängender Einzug: 2,0 cm
  - Abstand vor: 24 pt

- **Verwendung von Formatvorlagen in MS Word ist angeraten.**

5.1 Layout – Allgemein
Auflistungen

Auflistungen dienen der Strukturierung von komplexen Sachverhalten.
Es gibt Aufzählungen oder Nummerierungen.
Wichtig: Die Regeln des Satzbaus und der Interpunktion werden durch Auflistungen nicht unterbrochen.

- **Aufzählungen**
  - Durchgängige Verwendung eines Aufzählungszeichens.
  - Konsistenter Texteinzug.
  - Leserfreundlich sind kästchenförmige Aufzählungszeichen.

> In der Praxis werden etliche Argumente für
> gelegentlich auch von der Preisforschung aufg
> 1951, 164; Diller 1991, 153f.). Die Argumente
> in unseren Fallstudien gehört haben, sind:
>
> □ Viele Unternehmen haben keine Alternativ
> □ Kosten-plus-Preisbildung ist *fair*;
> □ Kosten-plus-Preisbildung sichert zumindest
> □ Kosten-plus-Preisbildung kann zu optimale
>
> Das erste Argument ist nicht richtig. Prinzipi
> Alternative, sich durch ein aktives Infor

- **Nummerierungen**
  - Durchgängiges Format und
  - konsistenten Texteinzug verwenden.
  - Nur anwenden, wenn Aufzählung in einer sachlogischen oder prozessbedingten Reihenfolge steht.

5.2 Layout - Abbildungen und Tabellen

5.2 Layout – Abbildungen und Tabellen
Allgemeines

- Abbildungen und Tabellen sind ein zentrales Element von Studienarbeiten.
- Sie dienen der Verdeutlichung, Ergänzung und Visualisierung.
- Abbildungen und Tabellen müssen im Text erläutert und interpretiert werden.

Tabelle 5.1: Die Verteilung der formalen Preiskompetenz in den strategischen und operativen Pricing-Prozessen der *Techno AG* (Responsibility Chart)

Pricing-Prozeß zur Festlegung der... (I)	Abteilung/Instanz Europäisches Management (III)	Geschäfts-leitung (IV)	Marketing (V)	Bereichs-controller (VI)	Vertriebs-leiter (VII)	Außendienst-mitarbeiter (VIII)
Strategische Pricing-Prozesse						
1. Listenpreise	Veto	E, V	V	B	V	B
1. Grundrabatte		E	B	V	V	B
1. Boni		E		B	V	B
Operative Pricing-Prozesse						
1. Nettopreise		E(>65%)		B	V, E(<65%)	V, E(<39%)
1. Produktrabatte		E(>65%)	B	B	V, E(<65%)	V, E(<39%)
1. Endkundenrabatte		E(>65%)		B	E(<65%)	V, E(<39%)
1. sonstigen Rabatte		E		B	E	V, E

Erläuterungen: E: Entschlußkompetenz; E(<x %): Entschlußkompetenz bis zu einem Gesamtrabatt von weniger als x %; B: Beratungskompetenz; V: Vorbereitungskompetenz; Veto: Vetorecht

5.2 Layout - Abbildungen und Tabellen
Gestaltung

- Abbildungen und Tabellen werden immer neu erstellt. Ein „Drag-and-Drop“ aus dem Internet oder das Scannen einer Abbildung sind nicht akzeptabel.
- Einzige Ausnahme ist, wenn ein spezieller Grund für die Übernahme vorliegt, z. B. bei Screenshots, Fotografien oder Werbeanzeigen.

- Ein Abbildungs-/Tabellentitel in der Abbildung bzw. Tabelle ist nicht notwendig. Falls ein Abbildungs-/Tabellentitel benutzt wird, dann konsistent.
- Die Schriftgröße in Abbildungen sollte im gesunden Verhältnis zum Fließtext stehen. Es empfiehlt sich auch die gleiche Schriftart.
- Auf die Lesbarkeit ist bei Abbildungen und Tabellen besonders zu achten.

- Mit Farbe sollte man nur gestalten, wenn diese einen Informationsgewinn erbringen; Graustufen können hingegen verwendet werden.
- Es sollten möglichst wenig dekorative Elemente, wie Schatten, 3D, Smileys, Menschen, Clip-Arts etc. verwendet werden.
- Die Abbildung ist mit einem Rahmen zu versehen.

5.2 Layout - Abbildungen und Tabellen
Beschriftung

- Die Beschriftung entweder konsistent über oder konsistent unter die Abbildung/Tabelle (In Deutschland im Gegensatz zu USA/UK klassischerweise unterhalb).
- Die Beschriftung sollte die gleiche Schriftart wie der Fließtext haben, die Schriftgröße kann mit 10 – 11 pt geringer sein als im Fließtext, bei einfachem Zeilenabstand und hängendem Einzug.

- Abbildungen und Tabellen sind zu nummerieren. Dies kann durchlaufend (z. B. von Abb. 1 - Abb. 27), Hauptkapitelweise (z. B. von Tab. 1.1 bis Tab. 5.7) erfolgen.
- Es ist üblich Abbildungen und Tabellen getrennt zu nummerieren.
- Die Abbildungsquelle sollte unter der Beschriftung (generell mit Seitenangabe) angegeben werden.
- Es wird keine Quelle bei eigener Abbildung angegeben (Nicht: „Quelle: Eigene Darstellung" o.ä.).
- Bereits bestehende Abbildungen aus Literaturquellen dürfen auch abgeändert werden, dies wird dann durch „Anlehnung an" oder „verändert nach" kenntlich gemacht.

5.2 Layout - Abbildungen und Tabellen
Beispiel: Quantitative Abbildung

benheiten durch die Entscheidungsinstanzen und nicht in Koordinationsproblemen im Unternehmen.

Abbildung 5.10: Die Durchsetzung von Preisen im Markt

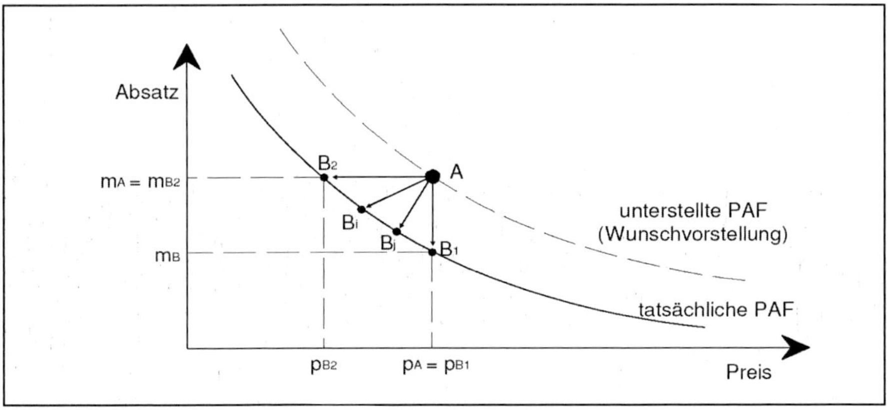

Entscheidungsinstanzen entwickeln bei der Festlegung von Preisbestandteilen nicht nur eigene

5.2 Layout - Abbildungen und Tabellen
Bespiel: Qualitative Abbildung

Abbildung 3.4: Feedback-Zyklus des erfahrungsgestützten Lernens in Pricing-Prozessen
Quelle: verändert nach March und Olson (1975)

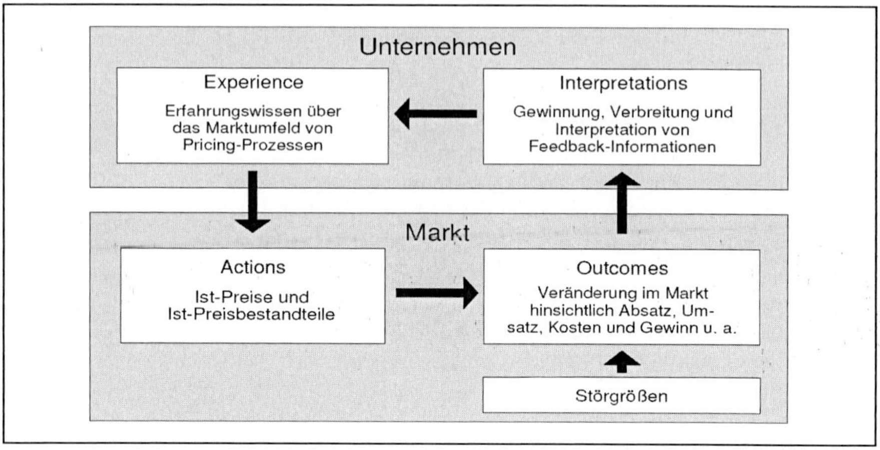

Eine Beeinträchtigung des Feedback-Zyklus führt unmittelbar zur Beeinträchtigung der

5.2 Layout - Abbildungen und Tabellen
Bespiel: Qualitative Tabelle

Tabelle 4.1: Kompetenz und Einfluß verschiedener Abteilungen bei der Festlegung des Listenpreises für den Heimmarkt in der Fallstudie *Compar GmbH (I)*
a) Verteilung der formalen Kompetenzen
b) Verteilung des faktischen Einflusses

Abteilung	Absatzplanung	Absatzcontrolling	Vertriebsniederlassung	Geschäftsleitung	Produktmanagement	Sonstige (F&E,...)
a)	Responsibility Chart der formalen Kompetenzen					
Formale Kompetenz	**V, I**	**V**	**B, I**	**E**	**B**	**-**

Abkürzungen: B = Beratungskompetenz E = Entschlußkompetenz I = Implementierungskompetenz
V = Vorbereitungskompetenz

b)	Faktischer Einfluß auf die Entscheidung nach der internen Umfrage											
	Rangplatz	Nennung	Rangplatz	Nennung	Rangplatz	Nennung	Rangplatz	Nennung	Rangplatz	Nennung	Rangplatz	Nennung
Prozentuale Nennung der Rangplätze 1 bis 6	1	83 %	1	5 %	1	0 %	1	11 %	1	0 %	1	0 %
	2	17 %	2	78 %	2	6 %	2	0 %	2	0 %	2	0 %
	3	0 %	3	17 %	3	50 %	3	22 %	3	6 %	3	8 %
	4	0 %	4	0 %	4	39 %	4	33 %	4	28 %	4	0 %
	5	0 %	5	0 %	5	5 %	5	28 %	5	66 %	5	0 %
	6	0 %	6	0 %	6	0 %	6	6 %	6	0 %	6	92 %
Faktischer Einfluß	●●●●		●●●		●●		●					

5.3 Layout - Weitere Elemente

5.3 Layout - Weitere Elemente
Formeln

- Formeln müssen anhand ihres mathematischen Grundprinzips erläutert werden.
- Symbole sind bei ihrer erstmaligen Verwendung eindeutig zu definieren. Hierbei ist darauf zu achten, dass eine einheitliche und eine im Schrifttum gebräuchliche Formelnotation verwendet wird.
- Um Querverweise zwischen den Formeln zu ermöglichen, sind diese mit arabischen Ziffern zu nummerieren.

Wir unterstellen eine lineare Preisabsatzfunktion mit dem Absatz q,

$$q = 1 - \beta t_p = 1 - \beta(p - r) \,. \qquad (6.2)$$

Um die unterschiedlichen Interessen, die bei den Entscheidungsinstanzen in entkoppelten Pricing-Prozessen auftreten, im Modell abzubilden, unterstellen wir für das Controlling und den Vertrieb unterschiedliche Nutzenfunktionen. Die Nutzenfunktion des Controlling n_A ist ausschließlich gewinnorientiert,

$$n_A = q\,(t_p - c) = (1 - \beta(p - r))(p - r - c), \qquad (6.3)$$

die des Vertriebs n_B enthält zusätzlich einen Umsatzanteil. Die Stärke der Umsatzorientierung

5.3 Layout – Weitere Elemente
Qualitativ-empirische Fallbeispiele: Cases

- **Ausführlicher Case**
  - Dabei handelt es sich um eine inhaltlich (sowie seitenmäßig) umfangreiche Darstellung eines Sachverhaltes in einem einzelnen Unternehmen.
  - Diese sind als eigenständige Haupt- oder Unterkapitel einer Studienschrift darzustellen.
  - Einzelfallbeispiele sind nur in begründeten Ausnahmefällen anzuwenden, denn aus ihnen sind meist keine generalisierbaren Aussagen abzuleiten und sie führen manchmal zu einer Aufblähung mit irrelevanten Aspekten.
- **Kurzer Case**
  - Kurze Cases können der Illustration, der Darstellung von „best practices" dienen.
  - Eine Darstellung in einem separaten Absatz mit kleinerer Schriftgröße (z. B. Times New Roman 10 pt) sowie einem rechts- und linksseitigen Einzug von 0,5 - 1cm ist sinnvoll.

> Eine einseitige Ausrichtung der Informationsgewinnung kann auch auf der Ebene der Informationsquellen vorkommen.
>
> > In der Fallstudie *Compar GmbH* stellten wir eine Fokussierung der Informationsgewinnung auf eine Informationsquelle der Konkurrenzinformationen fest. In akribischer Kleinarbeit stellten Absatzcontrolling und Absatzplanung regelmäßig umfangreiche Preisvergleiche der eigenen Listenpreise mit den entsprechenden Listenpreisen der Konkurrenzprodukte an. Ziel der Preisvergleiche war, die Differenz zwischen dem eigenen Preis und dem Preis der Konkurrenzprodukte exakt zu steuern.

5.3 Layout – Weitere Elemente
Quantitativ-empirische Studien

- **Quantitativ-empirische Studie**
  - Originäre Daten,
  - statistische Auswertung,
  - ausführliche Darlegung der durchgeführten Untersuchungsmethodik (z.B. Art der Datenerhebung, Beschreibung der Stichprobe) sowie die Präsentation der Analysebefunde, in einem oder mehreren Hauptkapiteln.
- **Empirisch-quantitativer Studienvergleich (Metaanalyse)**
  - Vergleich verschiedener empirischer Studien,
  - selten Inhalt von Studienarbeiten.

Keine besonderen Anforderungen an das Layout.

5.3 Layout – Weitere Elemente
Anhänge

- Der Anhang ist wichtiger Bestandteil einer Bachelor- oder Masterarbeit.
- Der Anhang ist keine textliche Resteverwertung, sondern unterliegt der Themenrelevanz.
- Anhänge sollten so wenig wie möglich verwendet werden und nur absolut notwendige Zusatzinformationen beinhalten:
  - Bei empirischen Studien Fragebogenmuster, aber nicht alle ausgefüllten Fragebögen,
  - nicht den gesamten Datensatz einer empirischen Untersuchung,
  - aber relevante Sekundärstatistiken.
  - Bei Fallstudien/Expertengespräche können Gesprächsprotokolle sinnvoll sein.
  - Bei Programmierungen kein Quellcode (dieser gehört auf eine CD), aber Flussdiagramme o.ä. anhängen.
- Der Inhalt des Anhangs ist mit dem/den Betreuer/n abzustimmen.
- Anhänge sind nach dem Literaturverzeichnis (vor der eventuell notwendigen eidesstattlichen Versicherung) einzuordnen, arabisch fortlaufend zu nummerieren. Sie können mit einem eigenen Inhaltsverzeichnis versehen werden.

Wissenschaftliches Arbeiten

6. Schlussredaktion der Arbeit

6. Schlussredaktion der Arbeit
Checkliste (I)

Vollständigkeit / Formaler Aufbau

- ❑ Sind alle erforderlichen Bestandteile der Abschlussarbeit vorhanden?
- ❑ Ist das Layout einwandfrei?
- ❑ Ist die Typographie (Textgestaltung) einwandfrei?
- ❑ Sind Gliederung und Verzeichnisse der Inhalte fehlerlos und aktualisiert?
- ❑ Wird deutlich, was zur Einleitung, zum Hauptteil und zum Schluss gehört?

Gliederung

- ❑ Ist die Gliederung in Breite und Tiefe ausgewogen?
- ❑ Wird anhand der Gliederung die Grobstruktur der Arbeit deutlich?
- ❑ Wurde die Gliederung aktualisiert und auf den letzten Stand gebracht?
- ❑ Wird auf die Frageform in der Gliederung verzichtet?
- ❑ Sind die Kapitelüberschriften aussagekräftig und bestehen aus mehr als 1 Wort?

Inhalte: Einleitung

- ❑ Wird das Thema am Anfang vorgestellt?
- ❑ Wird die Zielsetzung der Arbeit klar genannt?
- ❑ Werden die Leitfrage der Untersuchung und das Erkenntnisinteresse deutlich?
- ❑ Wird die Bedeutung des Themas für das Fachgebiet aufgezeigt?
- ❑ Wird das Thema ausreichend abgegrenzt und begründet?

Quelle: in Anlehnung an Balzert et al. (2008)

6. Schlussredaktion der Arbeit
Checkliste (II)

Inhalte: Hauptteil

- ❑ Ist anhand der Kapitelüberschriften die Logik der Argumentation erkennbar?
- ❑ Wird das Thema ausreichend vorgestellt und die wichtigsten Begriffe definiert?
- ❑ Sind bestehende fundamentale Theorien und Modelle des Themengebiets aufgegriffen?
- ❑ Wird die Methodik der Untersuchung beschrieben?
- ❑ Sind die Inhalte der Arbeit korrekt und vollständig belegt und überprüfbar?
- ❑ Sind klare und akzeptable Kriterien für die Ergebnisbewertung angewandt?
- ❑ Sind die Ergebnisse objektiv und sachlich dargestellt?
- ❑ Verfügen die Kapitel über Einleitung, Schlussfolgerungen und Überleitungen?
- ❑ Erfolgt eine kritische Reflexion des Themas und (möglicherweise) die Ableitung von Handlungsempfehlungen?

Inhalte: Schluss

- ❑ Sind die wichtigsten Ergebnisse am Ende zusammengefasst?
- ❑ Wird die Ausgangsfrage am Ende beantwortet?
- ❑ Wird der eigene wissenschaftliche Beitrag am Ende noch einmal deutlich?
- ❑ Gibt es einen Ausblick auf weiterhin offene Themen?

Quelle: in Anlehnung an Balzert et al. (2008)

6. Schlussredaktion der Arbeit
Checkliste (III)

Verständlichkeit

- ❑ Sind die Inhalte logisch stringent und nachvollziehbar?
- ❑ Sind alle wichtigen Begriffe richtig und ausreichend definiert?
- ❑ Sind unbekannte Abkürzungen im Abkürzungsverzeichnis erläutert?
- ❑ Spezialisierungs-Grad: Wird das Wissen der Leser berücksichtigt?
- ❑ Sind die Inhalte relevant und wurden die Inhalte auf das Wesentliche reduziert?
- ❑ Wurden Redundanzen und Weitschweifigkeit vermieden?
- ❑ Gibt es missverständliche bzw. uneindeutige Formulierungen?
- ❑ Sind kompliziertere Inhalte visualisiert durch Schaubilder, Ablaufpläne, Tabellen, Grafiken?
- ❑ Wird auf die Schaubilder auch im Text ausreichend bezug genommen?

Sprachstil

- ❑ Bleibt der Sprachstil sachlich, nüchtern, objektiv und unparteiisch?
- ❑ Wird auf subjektive Bewertungen und Ich-Form verzichtet?
- ❑ Wird Fachsprache verwendet und Fachterminologie richtig eingesetzt?
- ❑ Sind die Inhalte klar und präzise dargestellt?
- ❑ Sind Bandwurmsätze und Schachtelsätze aufgelöst?
- ❑ Welche Füllwörter und Adjektive kann man noch streichen?
- ❑ Welche Modewörter und Anglizismen kann man ersetzten?

Quelle: in Anlehnung an Balzert et al. (2008)

6. Schlussredaktion der Arbeit
Checkliste (IV)

Literaturarbeit

- ❑ Sind alle Quellenangaben eindeutig und formal korrekt belegt?
- ❑ Ist die Arbeit weder überzitiert noch unterzitiert?
- ❑ Habe ich ein angemessenes Verhältnis von direkten Zitaten zu indirekten Zitaten (10:90)?
- ❑ Habe ich alle wichtigen relevanten Literaturquellen in meine Arbeit einfließen lassen?
- ❑ Habe ich auch kritische Betrachtungen des Themas mit einfließen lassen?
- ❑ Habe ich auch wichtige internationale Literaturquellen verwendet?
- ❑ Habe ich ein formal korrektes und vollständiges Literaturverzeichnis erstellt?

Sonstige Formalien

- ❑ Rechtschreibung
- ❑ Grammatik
- ❑ Interpunktion
- ❑ Formatierungen
- ❑ Druckqualität
- ❑ Digitale Version der Arbeit (CD)
- ❑ Formal korrekte Eidesstattliche Erklärung vorhanden und unterschrieben?

Quelle: in Anlehnung an Balzert et al. (2008)

7. Kapitel: Präsentationen

7.1 Präsentationen - Allgemeines

7.1 Präsentationen - Allgemeines
Einführung

Die Regeln für schriftliches Arbeiten gelten grundsätzlich auch für Präsentationen:

- Zu Inhalt:
  - Aussagetypen,
  - Formulierungsgrundsätze,
  - Stil,
  - Orthografie,
  - Literaturarbeit, insb. Zitationswürdigkeit.
- Struktur:
  - Grobstruktur,
  - Gliederung.
- Quellen:
  - Wörtliche und sinngemäße Zitate,
  - Literaturverzeichnis.

Aber:

- Selten ausformulierte Sätze,
- weniger Elemente,
- geringere Gliederungstiefe,
- beschränkter Literatureinsatz

7.1 Präsentationen - Allgemeines
Fragen zur Vorbereitung

- Was möchte ich mit meiner Präsentation erreichen?

  - Informieren?
  - Schulen?
  - Entscheidungen vorantreiben?
  - Kenntnisse vermitteln?
  - Einen guten Eindruck hinterlassen?
  - Überblick verschaffen?
  - Beraten?
  - Motivieren?
  - Meine Pflicht tun?

- Wer sind meine Zuhörer?

- Was sind die Rahmenbedingungen?

  - Zeit
  - Sitzordnung
  - Raum und Technik
  - Methoden

Quelle: in Anlehnung Stickel-Wolf/Wolf (2013)

7.2 Präsentationen - Struktur und Inhalt

7.2 Präsentationen - Struktur und Inhalt
Strukturelemente

Präsentationen enthalten in aller Regel folgende Elemente

Element	Not-wendig?	Bemerkung
Titelblatt	immer	Unbedingt Individuelles Titelblatt mit Datum etc.
Einstiegsgag, Teaser	optional	nicht bei „ernstem" Publikum
Vorstellung der Person	immer	
Gliederung	immer	Als „Überblick", „Agenda" bezeichnen
Executive Summary	optional	bei Studienschriften eher ungern gesehen
Hauptteil	immer	Firmenvorstellung ist Teil des Hauptteils
Quellenverzeichnis	immer	
Disclaimer	optional	bei Studenten eher „seltsam", kann auch am Anfang stehen

7.2 Präsentationen – Struktur und Inhalt
Grundprinzipien der Verständlichkeit

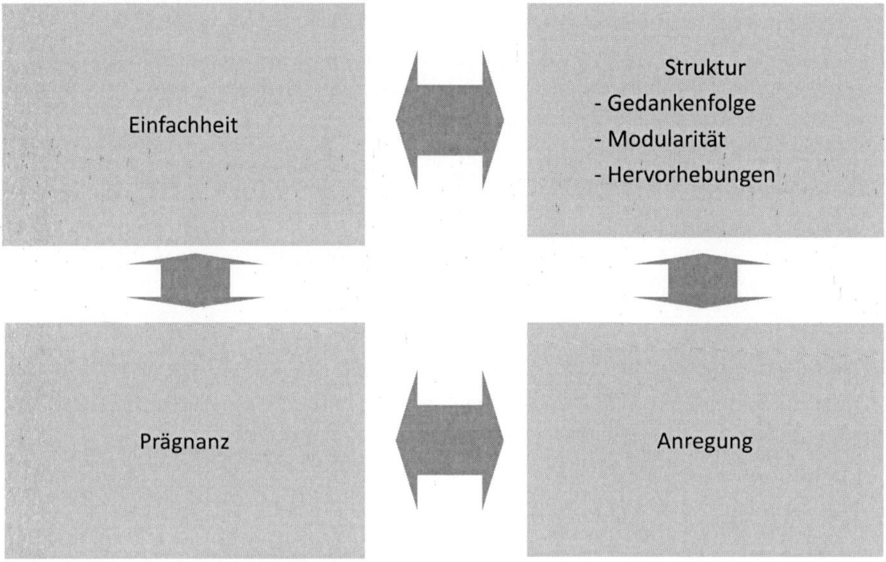

Quelle: in Anlehnung Stickel-Wolf/Wolf (2013)

7.3 Präsentationen - Layout

7.3 Präsentationen - Layout
Grundprinzipien

- Verwenden Sie ein konsistentes Layout (Folienmaster!).
- Orientieren Sie sich an professionellen Präsentationen: z. B. Selbstdarstellungen von Werbeagenturen, Präsentationen der „großen" Unternehmensberatungen, IR-Präsentationen von DAX 30-Unternehmen.
- Jede Folie sollte folgende Elemente enthalten:
  - Einordnung in die Gliederung - Folientitel
  - Namen - Datum
  - Seitenzahl - eindeutiges Identifikationsmerkmal
- Optional sind folgende regelmäßige Elemente möglich:
  - Schlussfolgerung - Action Title
- Verwenden Sie keine grellen Farben und achten Sie auf ein einheitliches Farbschema.
- In Rhetorikseminaren wird immer die Regel „Nicht mehr als sieben Zeilen!" aufgestellt. In der Praxis wird diese Regel nicht verfolgt.

- Achten Sie auf Lesbarkeit!!!

7.3 Präsentationen - Layout
Beispiel – Investorenkonferenz Allianz

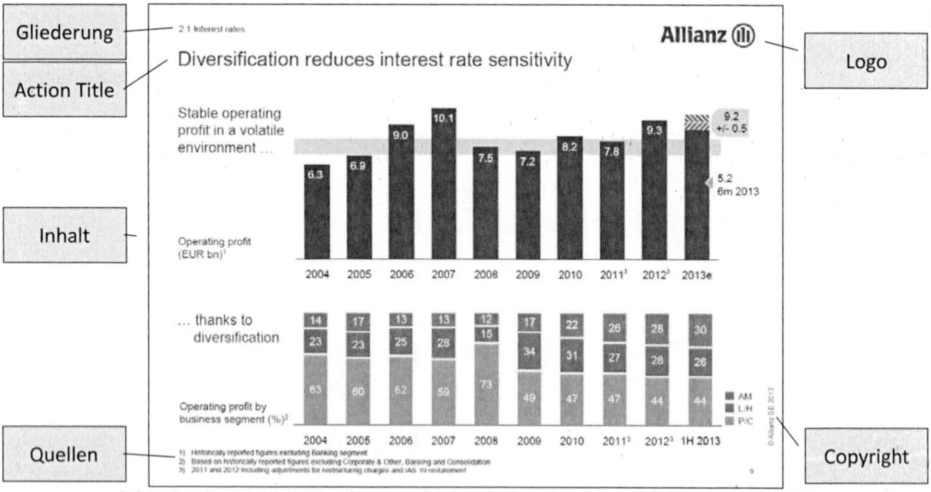

Quelle: https://www.allianz.com/v_1380198872000/media/investor_relations/de/konferenzen/investorenkonferenzen/dokumente/130926_BAML_Diekmann.pdf vom 01.10.2013

- In internationalen Präsentationen hat der Action Titel hat die Überschrift abgelöst.
- Ein Action Titel fasst die Aussage der Folie in einem (vollständigen) Satz zusammen.

7.3 Präsentationen - Layout
Beispiel – Unternehmensvorstellung Schott-Rohglas GmbH

Quelle: http://www.google.de/url?sa=t&rct=j&q=&esrc=s&source=web&cd=4&ved=0CEoQFjAD&url=http%3A%2F%2Fwww.pharmchem.tu-bs.de%2Fforschung%2Fwaetzig%2Fdokumente %2Fdphg_pfeifer.pdf &ei=mSdLUsDXKcKetAbunoCYAw&usg =AFQjCNF_44qrvJy2jBFboq_UJCe6dDIBJg&sig2=s7x9JiUuF1ELwCwMKGs3yA&bvm=bv.53371865,d.Yms&cad=rja am 01.10.2013

Wissenschaftliches Arbeiten

7.4 Präsentationen - Quellen

7.4 Präsentationen - Quellen
Grundprinzipien

- In einer ordentlichen Präsentation sind Abbildungen immer selbst erstellt – Kein Drag-and-Drop (Ausnahme z. B. „Screen-Shots").
- Die unveränderte Übernahme einer Abbildung aus einem anderen Buch oder Präsentation ist ein wörtliches Zitat.
- Die veränderte Übernahme einer Abbildung oder die Übernahme von einzelnen Textelementen ist ein sinngemäßes Zitat.

→ Kurzbeleg unter der entnommen Abbildung oder am Ende der Seite. „Quelle: Wiltinger 1998, S. 12"

- Es muss immer ein vollständiges Literaturverzeichnis (Überschrift „Quellen") geben. Dieses kann beliebig strukturiert sein.

→ Kurzbeleg unter Verwendung von „vgl.", „in Anlehnung an", „verändert nach".

7.5 Präsentationen - Vortrag

7.5 Präsentationen - Vortrag
Einige Bemerkungen

- Sehr wichtig ist der richtige Einstieg. Dieser erfüllt folgenden Zweck:
  – Kontakt herstellen, - Interesse wecken, - Orientierung geben.
- Sprechen Sie einfach!
  – Geläufige Wörter, - kurze Sätze, - einfachen Satzbau,
  – aktive Sätze, - anschauliche Sprache.
- Strukturieren Sie den Inhalt auch sprachlich!
  – Logische Folge, - roter Faden,
  – vom Einfachen zum Komplexen,
  – vom Interessanten/Wichtigem zum Uninteressanten/Unwichtigem.
- Sprechen Sie prägnant!
- Reden Sie anregend!
  – Wechsel zwischen Frage und Antwort,
  – Verwendung von Pro und Contra.
- Binden Sie die Zuhörer ein!

Quelle: in Anlehnung Stickel-Wolf/Wolf (2013)